Learn Russian with Turgenev's Fathers and Sons - Part II

HypLern Interlinear Project
www.hyplern.com

First edition: 2025, October
Author: Ivan Turgenev
Translation: Kees van den End
Foreword: Camilo Andrés Bonilla Carvajal PhD

ISBN: 978-1-83425-097-7
kees@hyplern.com
www.hyplern.com

Learn Russian with Turgenev's Fathers and Sons - Part II

Interlinear Russian to English

Author
Ivan Turgenev

Translation
Kees van den End

HypLern Interlinear Project
www.hyplern.com

The HypLern Method

Learning a foreign language should not mean leafing through page after page in a bilingual dictionary until one's fingertips begin to hurt. Quite the contrary, through everyday language use, friendly reading, and direct exposure to the language we can get well on our way towards mastery of the vocabulary and grammar needed to read native texts. In this manner, learners can be successful in the foreign language without too much study of grammar paradigms or rules. Indeed, Seneca expresses in his sixth epistle that "Longum iter est per praecepta, breve et efficax per exempla[1]."

The HypLern series constitutes an effort to provide a highly effective tool for experiential foreign language learning. Those who are genuinely interested in utilizing original literary works to learn a foreign language do not have to use conventional graded texts or adapted versions for novice readers. The former only distort the actual essence of literary works, while the latter are highly reduced in vocabulary and relevant content. This collection aims to bring the lively experience of reading stories as directly told by their very authors to foreign language learners.

Most excited adult language learners will at some point seek their teachers' guidance on the process of learning to read in the foreign language rather than seeking out external opinions. However, both teachers and learners lack a general reading technique or strategy. Oftentimes, students undertake the reading task equipped with nothing more than a bilingual dictionary, a grammar book, and lots of courage. These efforts often end in frustration as the student builds mis-constructed nonsensical sentences after many hours spent on an aimless translation drill.

Consequently, we have decided to develop this series of interlinear translations intended to afford a comprehensive edition of unabridged texts. These texts are presented as they were originally written with no changes in word choice or order. As a result, we have a translated piece conveying the true meaning under every word from the original work. Our readers receive then two books in just one volume: the original version and its translation.

The reading task is no longer a laborious exercise of patiently decoding unclear and seemingly complex paragraphs. What's more, reading becomes an enjoyable and meaningful process of cultural, philosophical and linguistic learning. Independent learners can then acquire expressions and vocabulary while understanding pragmatic and socio-cultural dimensions of the target language by reading in it rather than reading about it.

Our proposal, however, does not claim to be a novelty. Interlinear translation is as old as the Spanish tongue, e.g. "glosses of [Saint] Emilianus", interlinear bibles in Old German, and of course James Hamilton's work in the 1800s. About the latter, we remind the readers, that as a revolutionary freethinker he promoted the publication of Greco-Roman classic works and further pieces in diverse languages. His effort, such as ours, sought to lighten the exhausting task of looking words up in large glossaries as an educational practice: "if there is any thing which fills reflecting men with melancholy and regret, it is the waste of mortal time, parental money, and puerile happiness, in the present method of pursuing Latin and Greek[2]".

Additionally, another influential figure in the same line of thought as Hamilton was John Locke. Locke was also the philosopher and translator of the Fabulae AEsopi in an interlinear plan. In 1600, he was already suggesting that interlinear texts, everyday communication, and use of the target language could be the most appropriate ways to achieve language learning:

> ...the true and genuine Way, and that which I would propose, not only as the easiest and best, wherein a Child might, without pains or Chiding, get a Language which others are wont to be whipt for at School six or seven Years together...[3]

---

1 "The journey is long through precepts, but brief and effective through examples". Seneca, Lucius Annaeus. (1961) Ad Lucilium Epistulae Morales, vol. I. London: W. Heinemann.

2 In: Hamilton, James (1829?) History, principles, practice and results of the Hamiltonian system, with answers to the Edinburgh and Westminster reviews; A lecture delivered at Liverpool; and instructions for the use of the books published on the system. Londres: W. Aylott and Co., 8, Pater Noster Row. p. 29.

3 In: Locke, John. (1693) Some thoughts concerning education. Londres: A. and J. Churchill. pp. 196-7.

Who can benefit from this edition?

We identify three kinds of readers, namely, those who take this work as a search tool, those who want to learn a language by reading authentic materials, and those attempting to read writers in their original language. The HypLern collection constitutes a very effective instrument for all of them.

1. For the first target audience, this edition represents a search tool to connect their mother tongue with that of the writer's. Therefore, they have the opportunity to read over an original literary work in an enriching and certain manner.
2. For the second group, reading every word or idiomatic expression in its actual context of use will yield a strong association between the form, the collocation, and the context. This will have a direct impact on long term learning of passive vocabulary, gradually building genuine reading ability in the original language. This book is an ideal companion not only to independent learners but also to those who take lessons with a teacher. At the same time, the continuous feeling of achievement produced during the process of reading original authors both stimulates and empowers the learner to study[1].
3. Finally, the third kind of reader will notice the same benefits as the previous ones. The proximity of a word and its translation in our interlinear texts is a step further from other collections, such as the Loeb Classical Library. Although their works might be considered the most famous in this genre, the presentation of texts on opposite pages hinders the immediate link between words and their semantic equivalence in our native tongue (or one we have a strong mastery of).

---

1 Some further ways of using the present work include:

1. As you progress through the stories, focus less on the lower line (the English translation). Instead, try to read through the upper line, staying in the foreign language as long as possible.
2. Even if you find glosses or explanatory footnotes about the mechanics of the language, you should make your own hypotheses on word formation and syntactical functions in a sentence. Feel confident about inferring your own language rules and test them progressively. You can also take notes concerning those idiomatic expressions or special language usage that calls your attention for later study.
3. As soon as you finish each text, check the reading in the original version (with no interlinear or parallel translation). This will fulfil the main goal of this

collection: bridging the gap between readers and original literary works, training them to read directly and independently.

Why interlinear?

Conventionally speaking, tiresome reading in tricky and exhausting circumstances has been the common definition of learning by texts. This collection offers a friendly reading format where the language is not a stumbling block anymore. Contrastively, our collection presents a language as a vehicle through which readers can attain and understand their authors' written ideas.

While learning to read, most people are urged to use the dictionary and distinguish words from multiple entries. We help readers skip this step by providing the proper translation based on the surrounding context. In so doing, readers have the chance to invest energy and time in understanding the text and learning vocabulary; they read quickly and easily like a skilled horseman cantering through a book.

Thereby we stress the fact that our proposal is not new at all. Others have tried the same before, coming up with evident and substantial outcomes. Certainly, we are not pioneers in designing interlinear texts. Nonetheless, we are nowadays the only, and doubtless, the best, in providing you with interlinear foreign language texts.

Handling instructions

Using this book is very easy. Each text should be read at least three times in order to explore the whole potential of the method. The first phase is devoted to comparing words in the foreign language to those in the mother tongue. This is to say, the upper line is contrasted to the lower line as the following example shows:

Мужик	показал	обоим	приятелям	свое	плоское	и
(The) peasant	showed	both	acquaintances	his	flat	and
подслеповатое	лицо.					
half-blind	face					

The second phase of reading focuses on capturing the meaning and sense of the original text. As readers gain practice with the method, they should be able to focus on the target language without getting distracted by the translation. New users of the method, however, may find it helpful to cover the translated lines with a piece of paper as illustrated in the image below. Subsequently, they try to understand the meaning of every word, phrase, and entire sentences in the target language itself, drawing on the translation only when necessary. In this phase, the reader should resist the temptation to look at the translation for every word. In doing so, they will find that they are able to understand a good portion of the text by reading directly in the target language, without the crutch of the translation. This is the skill we are looking to train: the ability to read and understand native materials and enjoy them as native speakers do, that being, directly in the original language.

Мужик	показал	обоим	приятелям	свое	плоское	и
(The) peasant	sho					and
подслеповатое						
half-blind						

In the final phase, readers will be able to understand the meaning of the text when reading it without additional help. There may be some less common words and phrases which have not cemented themselves yet in the reader's brain, but the majority of the story should not pose any problems. If desired, the reader can use an SRS or some other memorization method to learning these straggling words.

Мужик показал обоим приятелям свое плоское и подслеповатое лицо.

Above all, readers will not have to look every word up in a dictionary to read a text in the foreign language. This otherwise wasted time will be spent concentrating on their principal interest. These new readers will tackle authentic texts while learning their vocabulary and expressions to use in further communicative (written or oral) situations. This book is just one work from an overall series with the same purpose. It really helps those who are afraid of having "poor vocabulary" to feel confident about reading directly in the language. To all of them and to all of you, welcome to the amazing experience of living a foreign language!

Additional tools

Check out shop.hyplern.com or contact us at info@hyplern.com for free mp3s (if available) and free empty (untranslated) versions of the eBooks that we have on offer.

For some of the older eBooks and paperbacks we have Windows, iOS and Android apps available that, next to the interlinear format, allow for a pop-up format, where hovering over a word or clicking on it gives you its meaning. The apps also have any mp3s, if available, and integrated vocabulary practice.

Visit the site hyplern.com for the same functionality online. This is where we will be working non-stop to make all our material available in multiple formats, including audio where available, and vocabulary practice.

Table of Contents

XIX

Chapter 19

Как ни владела собою Одинцова, как ни стояла выше всяких
As if not mastered herself Odintsova as if not (she) stood higher (than) all sorts of
Even though even though

предрассудков, но и ей было неловко, когда она явилась в
prejudices but also (to) her (it) was awkward when she appeared in
still

столовую к обеду. Впрочем, он прошел довольно благополучно.
(the) dining room for lunch However it went about rather safely
successfully

Порфирий Платоныч приехал, рассказал разные анекдоты; он только что
Porfiry Platonich arrived (he) told different anekdotes he only that
just

вернулся из города. Между прочим, он сообщил, что губернатор,
returned from (the) town Between other (things) he reported that (the) governor

Бурдалу, приказал своим чиновникам по особым поручениям носить
Bourdalou ordered his officials on particular errands to carry

шпоры, на случай если он пошлет их куда-нибудь, для скорости,
(the) spurs in case if he sends them somewhere for speeds

верхом. Аркадий вполголоса рассуждал с Катей и дипломатически
on top Arkady in half voice discussed with Katya and diplomatically
on horseback (in a low voice)

прислуживался княжне. Базаров упорно и угрюмо молчал. Одинцова
served (the) princess Bazarov stubbornly and sullenly was silent Odintsova

раза два — прямо, не украдкой — посмотрела на его лицо, строгое
times two – directly not furtively – looked at his face severe

и желчное, с опущенными глазами, с отпечатком презрительной
and jaundiced with lowered eyes with imprint (of) contemptuous

решимости в каждой черте, и подумала: «Нет... нет... нет...» После
resolve in each trait and thought No no no After

обеда она со всем обществом отправилась в сад и, видя, что
dinner she with all (the) community set out in (the) garden and seeing that

Базаров желает заговорить с нею, сделала несколько шагов в
Bazarov wishes to begin to talk with her made several steps in

сторону и остановилась. Он приблизился к ней, но и тут не
side and stopped He approached to her but also here not

поднял глаз и глухо промолвил:
raised (the) eyes and muffled uttered

— Я должен извиниться перед вами, Анна Сергеевна. Вы не можете
— I must apologize before you Anna Sergeyevna You not can

не гневаться на меня.
not be angry yourself on me

— Нет, я на вас не сержусь, Евгений Васильич, — отвечала Одинцова,
— No I at you not am angry Eugene Vasilich — answered Odintsova

— но я огорчена.
— but I (am) saddened

— Тем хуже. Во всяком случае, я довольно наказан. Мое
— That('s) worse In every case I('m) sufficiently punished My

положение, с этим вы, вероятно, согласитесь, самое глупое. Вы
situation with that (of) you probably (you will) agree (is) the most dumb You

мне написали: зачем уезжать? А я не могу и не хочу остаться.
to me wrote why to leave And I not can and not want to stay

Завтра меня здесь не будет.
Tomorrow me here not will be

— Евгений Васильич, зачем вы...
— Eugene Vasilich why you

— Зачем я уезжаю?
— Why I go away

— Нет, я не то хотела сказать.
— No I not this wanted to say

— Прошедшего не воротишь, Анна Сергеевна... а рано или поздно это
— Past not turn Anna Sergeyevna and early or late this

должно было случиться. Следовательно, мне надобно уехать. Я
must had was to happen Hence to me (it) is necessary to leave I

понимаю только одно условие, при котором я бы мог остаться; но
understand only one condition with which I would could stay but

этому условию не бывать никогда. Ведь вы, извините мою дерзость,
this condition not to be never Indeed you excuse my insolence
can be ever

не любите меня и не полюбите никогда?
not love me and not love never

Глаза Базарова сверкнули на мгновенье из-под темных его бровей.
(The) eyes Bazarov sparkled on instant from under (the) dark of him eyebrows
an

Анна Сергеевна не отвечала ему. «Я боюсь этого человека», —
Anna Sergeyevna not answered him I am afraid of this person —

мелькнуло у ней в голове.
flashed with her in (the) head

— Прощайте-с, — проговорил Базаров, как бы угадав ее мысль, и
— Farewell — spoke Bazarov as if would guessing her thought and
he were

направился к дому.
directed himself to (the) house

Анна Сергеевна тихонько пошла вслед за ним и, подозвав Катю, взяла
Anna Sergeyevna silently went after for him and beckoned Katya took

ее под руку. Она не расставалась с ней до самого вечера. В
her under (the) hand She not parted with her until (the) very evening In
by

карты она играть не стала и все больше посмеивалась, что вовсе
cards she to play not started and all more chuckled that completely

не шло к ее побледневшему и смущенному лицу. Аркадий
not went to her (the) pale and embarrassed face Arkady
suited

недоумевал и наблюдал за нею, как молодые люди наблюдают, то
perplexed and watched after her like young people watched that

есть постоянно вопрошал самого себя: что, мол, это значит? Базаров
is (he) constantly questioned same himself what pray this means Bazarov

заперся у себя в комнате; к чаю он, однако, вернулся. Анне
locked himself with himself in (the) room for tea he however returned Anna

Сергеевне хотелось сказать ему какое-нибудь доброе слово, но она не
Sergeyevna wanted to say to him some good word but she not

знала, как заговорить с ним...
knew how to begin to talk with him

Неожиданный случай вывел ее из затруднения: дворецкий доложил
(An) unexpected event led out her from difficulties (the) butler reported

о приезде Ситникова.
about (the) arrival (of) Sitnikov

Трудно передать словами, какою перепелкой влетел в комнату
Difficult to overgive with words how like a quail flew into (the) room
to render

молодой прогрессист. Решившись, с свойственною ему
(the) young progressive Deciding himself with peculiar to him

назойливостью, поехать в деревню к женщине, которую он едва знал,
intrusiveness to go in (the) village to (the) woman who he hardly knew

которая никогда его не приглашала, но у которой, по собранным
who never him not invited but with whom on gathered

сведениям, гостили такие умные и близкие ему люди, он все-таки
information guests so smart and close to him people he all-so
had such smart guests who were people close to him (nonetheless)

робел до мозга костей и, вместо того чтобы произнести
got shy to (of the) brain bones and instead of that in order to to pronounce

заранее затверженные извинения и приветствия, пробормотал какую-то
in advance solid apologies and greetings (he) muttered some

дрянь, что Евдоксия, дескать, Кукшина прислала его узнать о
rubbish that Eudoxia (she) says Kukshina sent him to find out about
that is

здоровье Анны Сергеевны и что Аркадий Николаевич тоже ему
(the) health (of) Anna Sergeyevna and that Arkady Nikolayevich also to him

всегда отзывался с величайшею похвалой... На этом слове он
always talked with greatest praise On this word he

запнулся и потерялся до того, что сел на собственную шляпу.
faltered and lost himself to that that (he) sat on his own hat

Однако, так как никто его не прогнал и Анна Сергеевна даже
However so as nobody him not chased away and Anna Sergeyevna even

представила его тетке и сестре, он скоро оправился и
introduced him (to the) aunt and sister he soon recovered and

затрещал на славу. Появление пошлости бывает часто полезно в
started to chatter on glory (The) appearance (of) platitudes happens often successful in
a lot

жизни: оно ослабляет слишком высоко настроенные струны, отрезвляет
life it weakens too high customized strings sobering
strung emotions

самоуверенные или самозабывчивые чувства, напоминая им свое
self-confident or self-forgetful feelings reminding them (of) their

близкое родство с ними. С прибытием Ситникова все стало
close relationship with them With (the) arrival (of) Sitnikov all became

как-то тупее — и проще; все даже поужинали плотней и
somehow dumber — and (it is) simple all even dined tighter and

разошлись спать получасом раньше обыкновенного.
broke up to sleep half an hour earlier (than) usual

— Я могу тебе теперь повторить, — говорил, лежа в постели, Аркадий
— I can to you now repeat — said lying in (the) bed Arkady

Базарову, который тоже разделся, — то, что ты мне сказал однажды:
to Bazarov who also undressed — this what you to me said once

«Отчего ты так грустен? Верно, исполнил какой-нибудь священный
From what you so sad Probably fulfilled some sacred

долг?»
debt

Между обоими молодыми людьми с некоторых пор установилось
Between both young people with some times installed

какое-то лжеразвязное подтрунивание, что всегда служит признаком
some false teasing that always serves (as a) sign
(he works)

тайного неудовольствия или невысказанных подозрений.
(of) secret displeasures or unspoken suspicions

— Я завтра к батьке уезжаю, — проговорил Базаров.
— I tomorrow to (the) father go away — spoke Bazarov

Аркадий приподнялся и оперся на локоть. Он и удивился и
Arkady rose and leaned on on (the) elbow He both got surprised and

почему-то обрадовался.
somehow rejoiced

— А! — промолвил он. — И ты от этого грустен?
— Ah — uttered he — And you from this sad

Базаров зевнул.
Bazarov yawned

— Много будешь знать, состареешься.
— Much (you) will know growing old
get to knowwhen you're older

— А как же Анна Сергеевна? — продолжал Аркадий.
— And how then Anna Sergeyevna — continued Arkady

— Что такое Анна Сергеевна?
— What such Anna Sergeyevna

— Я хочу сказать: разве она тебя отпустит?
— I want to say perhaps she you let go

— Я у ней не нанимался.
— I with her not am employed

Аркадий задумался, а Базаров лег и повернулся лицом к
Arkady thought and Bazarov lay and turned himself around face to

стене.
(the) wall

Прошло несколько минут в молчании.
Passed several minutes in silence

— Евгений! — воскликнул вдруг Аркадий.
— Eugene — exclaimed suddenly Arkady

— Ну?
— Well

— Я завтра с тобой уеду тоже.
— I tomorrow with you go away also

Базаров ничего не отвечал.
Bazarov nothing not answered

— Только я домой поеду, — продолжал Аркадий. — Мы вместе
— Only I home will go — continued Arkady — We together

отправимся до Хохловских выселков, а там ты возьмешь у Федота
let's go to Khokhlovsky's settlements and there you take from Fedota

лошадей. Я бы с удовольствием познакомился с твоими, да я
horses I would with pleasure (have) introduced myself with yours yes I

боюсь и их стеснить и тебя. Ведь ты потом опять приедешь к
am afraid both them constrict and you Indeed you then again will come to
bother will visit

нам?
us

— Я у вас свои вещи оставил, — отозвался Базаров, не
— I with you my things left — responded Bazarov not

оборачиваясь.
turning around

«Зачем же он меня не спрашивает, почему я еду? и так же
Why then he me not asks why I go and so then

внезапно, как и он? — подумал Аркадий. — В самом деле, зачем я
suddenly how also he — thought Arkady — In (the) very case why I
why he goes

еду, и зачем он едет?» — продолжал он свои размышления. Он не
go and why he is coming — continued he his reflections He not

мог отвечать удовлетворительно на собственный вопрос, а сердце его
could answer satisfactorily on own question and (the) heart him

наполнялось чем-то едким. Он чувствовал, что тяжело ему будет
filled something caustic He felt that heavy to him will be

расстаться с этою жизнью, к которой он так привык; но и
to separate with this life to which he so accustomed but also

оставаться одному было как-то странно. «Что-то у них произошло,
to stay alone was somehow strange something with them occurred
between

— рассуждал он сам с собою, — зачем же я буду торчать перед
— was reflecting he himself with himself — why then I will stick out before

нею после отъезда? Я ей окончательно надоем; я и последнее
her after departure I her definitively bore I also (the) last

потеряю». Он начал представлять себе Анну Сергеевну, потом другие
lose it He began to present himself Anna Sergeyevna then others

черты понемногу проступили сквозь красивый облик молодой вдовы.
features little by little transpired through beautiful image young widows

«Жаль и Кати!» — шепнул Аркадий в подушку, на которую уже
it's a pity and Roll — whispered Arkady in pillow on which already

капнула слеза... Он вдруг вскинул волосами и громко промолвил:
dripped (the) tear He suddenly jerked hair and loudly uttered

— На какого черта этот глупец Ситников пожаловал?
— For what (the) devil this fool Sitnikov granted

Базаров сперва пошевелился на постели, а потом произнес следующее:
Bazarov first moved on (the) bed and then pronounced (the) following

— Ты, брат, глуп еще, я вижу. Ситниковы нам необходимы. Мне,
— You brother foolish still I see Sitnikovs to us (are) necessary To me

пойми ты это, мне нужны подобные олухи. Не богам же, в самом
understand you this to me needed such nitwits Not gods then in (the) very

деле, горшки обжигать!..
case pots roast
roast pots themselves

«Эге, ге!.. — подумал про себя Аркадий, и тут только открылась
Hey (surprised) hey — thought for himself Arkady and here only opened

ему на миг вся бездонная пропасть базаровского
to him on (that) moment (the) entire bottomless chasm (of) Bazarovski's

самолюбия. — Мы, стало быть, с тобой боги? то есть — ты
self-love — We became to be with you gods that is — you('re)

бог, а олух уж не я ли?»
(the) god and (the) nitwit already not (am) I maybe

— Да, — повторил угрюмо Базаров, — ты еще глуп.
— Yes — repeated sullenly Bazarov — you still foolish

Одинцова не изъявила особенного удивления, когда на другой день
Odintsova not expressed particular surprise when on (the) other day
the next

Аркадий сказал ей, что уезжает с Базаровым; она казалась
Arkady told her that (he) leaves with Bazarov she seemed

рассеянною и усталою. Катя молча и серьезно посмотрела на него,
distracted and tired Katya silently and seriously looked at him

княжна даже перекрестилась под своею шалью, так что он не мог
(the) princess even crossed under her shawl so that he not could

этого не заметить; зато Ситников совершенно переполошился. Он
this not note instead Sitnikov completely freaked out He

только что сошел к завтраку в новом щегольском, на этот раз не
only that came down to breakfast in (a) new dandy at this time not
just

славянофильском, наряде; накануне он удивил приставленного к нему
slavophile outfit (the) day before he surprised (the) assigned to him

человека множеством навезенного им белья, и вдруг его
man (with a) multitude (of) brought along by him linens and suddenly his

товарищи его покидают! Он немножко посеменил ногами,
comrades him leave He a little moved around with (the) feet
shuffled

пометался, как гонный заяц на опушке леса, — и
moved around confused like (a) chased hare on (the) edge (of the) forest — and

внезапно, почти с испугом, почти с криком объявил, что и он
suddenly almost with fright almost with (a) shout declared that also he

намерен уехать. Одинцова не стала его удерживать.
(has) intent to leave Odintsova not started him to hold (back)

— У меня очень покойная коляска, — прибавил несчастный молодой
— With me (is a) very dead calm carriage — added (the) unhappy young
not springy

человек, обращаясь к Аркадию, — я могу вас подвезти, а Евгений
man turning to Arkady — I can you give a lift and Eugene

Васильич может взять ваш тарантас, так оно даже удобнее будет.
Vasilich can take your tarantas so it even more convenient will be
carriage

— Да помилуйте, вам совсем не по дороге, и до меня далеко.
— Yes have mercy to you entirely not on (the) road and to me far

— Это ничего, ничего; времени у меня много, притом у меня в
— This nothing nothing time with me much besides with me in

той стороне дела есть.
that side business is

— По откупам? — спросил Аркадий уже слишком презрительно.
— On payoffs — asked Arkady already too contemptuously

Но Ситников находился в таком отчаянии, что, против обыкновения,
But Sitnikov found himself in such despair that against (the) habit

даже не засмеялся.
even not laughed

— Я вас уверяю, коляска чрезвычайно покойная, — пробормотал он,
— I you assure (the) carriage (is) extremely calm — muttered he

— и всем место будет.
— and all place will be
a lot of room there will be

— Не огорчайте мсье Ситникова отказом, — промолвила Анна
— Not upset monsieur Sitnikov by refusal — said Anna

Сергеевна...
Sergeyevna

Аркадий взглянул на нее и значительно наклонил голову.
Arkady looked at her and meaningfully inclined (the) head

Гости уехали после завтрака. Прощаясь с Базаровым, Одинцова
(The) guests left after breakfast Saying goodbye with Bazarov Odintsova
parting

протянула ему руку и сказала:
stretched out to him (the) hand and said

— Мы еще увидимся, не правда ли?
— We still will see each other not true whether

— Как прикажете, — ответил Базаров.
— As (you) order (me) — answered Bazarov

— В таком случае мы увидимся.
— In such case we will see each other
that

Аркадий первый вышел на крыльцо; он взобрался в ситниковскую
Arkady (the) first went out on (the) porch he climbed in Sitnikovsk's

коляску. Его почтительно подсаживал дворецкий, а он бы с
carriage Him respectful planted (the) butler but he would with

удовольствием его побил или расплакался. Базаров поместился в
pleasure him beaten or burst into tears Bazarov fit in

тарантасе. Добравшись до Хохловских выселков, Аркадий подождал, пока
(the) tarantass Having reached to Khokhlovskys settlements Arkady waited while
the carriage

Федот, содержатель постоялого двора, запряг лошадей, и,
Fedot (the) owner (of the) lodging court harnessed (the) horses and

подойдя к тарантасу, с прежнею улыбкой сказал Базарову:
after approaching to (the) tarantas with former smile said Bazarov
the carriage

— Евгений, возьми меня с собой; я хочу к тебе поехать.
— Eugene take me with yourself i want to you go

— Садись, — произнес сквозь зубы Базаров.
— Sit down yourself — pronounced through (the) teeth Bazarov

Ситников, который расхаживал, бойко посвистывая, вокруг колес
Sitnikov who walked briskly whistling around (the) wheels

своего экипажа, только рот разинул, услышав эти слова, а
of his equipage only (the) mouth opened having heard these words and
carriage

Аркадий хладнокровно вынул свои вещи из его коляски, сел возле
Arkady cold-blooded took out his things from his carriage sat next to

Базарова — и, учтиво поклонившись своему бывшему спутнику,
Bazarov — and courteous bowing himself to his former satellite
travel buddy

крикнул: «Трогай!». Тарантас покатил и скоро исчез из вида...
shouted Touch (it) (The) tatantas rolled and soon disappeared from view
Hit it The carriage

Ситников, окончательно сконфуженный, посмотрел на своего кучера, но
Sitnikov definitively embarrassed looked at his coachman but

тот играл кнутиком над хвостом пристяжной. Тогда Ситников вскочил
that one played (the) whip over (a) tail lashing Then Sitnikov jumped

в коляску и, загремев на двух проходивших мужиков:
in (the) carriage and starting to thunder at two passing peasants

«Наденьте шапки, дураки!» — потащился в город, куда прибыл
Put on hats fools — dragged himself into (the) city where (he) arrived

очень поздно и где на следующий день, у Кукшиной, сильно
very late and where on (the) following day with Kukshina strongly

досталось двум «противным гордецам и невежам».
(them) acquired two nasty haughty people and ignoramuses
them called

Садясь в тарантас к Базарову, Аркадий крепко стиснул ему
Sitting down in (the) tatantas the carriage to Bazarov Arkady strongly gripped to him

руку и долго ничего не говорил. Казалось, Базаров понял и
(the) hand and long nothing not said (It) seemed Bazarov understood and

оценил и это пожатие, и это молчание. Предшествовавшую ночь он
valued and this grip and this silence (The) preceding night he

всю не спал и не курил, и почти ничего не ел уже несколько
(at) all not slept and not smoked and almost nothing not ate already (for) several

дней. Сумрачно и резко выдавался его похудалый профиль из-под
days Gloomily and sharply gave out itself his slim profile from under

нахлобученной фуражки.
(the) pulled down peak cap

— Что, брат, — проговорил он наконец, — дай-ка сигарку... Да
— What brother — spoke he finally — let's give me (a) cigar Yes

посмотри, чай, желтый у меня язык?
look tea yellow with me (the) tongue

— Желтый, — отвечал Аркадий.
— Yellow — answered Arkady

— Ну да... вот и сигарка не вкусна. Расклеилась машина.
— Well yes here and cigar not delicious Disintegrated (the) machine

— Ты действительно изменился в это последнее время, — заметил
— You really changed in this last time — noted

Аркадий.
Arkady

— Ничего! поправимся. Одно скучно — мать у меня такая
— Nothing (I'll) get better One Alone is boring — mother with me my mother such is so

сердобольная: коли брюха не отрастил да не ешь десять раз на
compassionate if (my) belly not grew yes and not (you) eat ten times on

день, она и убивается. Ну, отец ничего, тот сам был
(a) day she also gets insulted Well (the) father nothing that one himself was

везде, и в сите и в решете. Нет, нельзя курить, — прибавил
everywhere and in colander and in sieve No impossible to smoke — added

он и швырнул сигарку в пыль дороги.
he and (he) flung (the) cigar into (the) dust (of the) road

— До твоего имения двадцать пять верст? — спросил Аркадий.
— Until your estate twenty five miles — asked Arkady

— Двадцать пять. Да вот спроси у этого мудреца.
— Twenty five Yes here ask from this wise man

Он указал на сидевшего на козлах мужика, Федотова работника.
He pointed at (the) seated on (the coach) box peasant of Fedotov employee

Но мудрец отвечал, что «хтошь е знает — версты тутотка не
But (the) wise man answered that who also knows — versts at all not

меряные», и продолжал вполголоса бранить коренную за то, что она
measured and continued in half voice (in a low voice) to scold indigenous (the horse) for this that she

«головизной лягает», то есть дергает головой.
with the head kicks that is twitches (with the) head

— Да, да, — заговорил Базаров, — урок вам, юный друг мой,
— Yes yes — spoke Bazarov — (a) lesson to you youthful friend my

поучительный некий пример. Черт знает, что за вздор! Каждый
instructive some example (The) devil knows what for nonsense Every

человек на ниточке висит, бездна ежеминутно под ним разверзнуться
man on (a) string hangs bottomless a chasm every-minute under him unfold

может, а он еще сам придумывает себе всякие неприятности,
can and he still same thinks up himself all kinds of unpleasantnesses

портит свою жизнь.
spoils his life

— Ты на что намекаешь? — спросил Аркадий.
— You on that hint — asked Arkady

— Я ни на что не намекаю, я прямо говорю, что мы оба с тобою
— I not on that not (am) hinting I directly say that we both with you

очень глупо себя вели. Что тут толковать! Но я уже в
very foolish ourselves lead (our lives) That here to discuss But I already in

клинике заметил: кто злится на свою боль — тот непременно ее
clinic noted who (is) angry at their pain — that one without fail her

победит.
will conquer

— Я тебя не совсем понимаю, — промолвил Аркадий, — кажется, тебе
— I you not entirely understand — declared Arkady — (it) seems to you

не на что было пожаловаться.
not on that was to complain yourself

— А коли ты не совсем меня понимаешь, так я тебе доложу
— And if you not entirely me understand so I to you (I) to-put will report

следующее: по-моему — лучше камни бить на мостовой, чем
(the) following according to me — better stones to beat on (the) bridge what with than

позволить женщине завладеть хотя бы кончиком пальца.
to allow (a) woman take possession even if (it) would be (the) tip (of your) finger

Это все... — Базаров чуть было не произнес своего любимого слова
This all — Bazarov just was had not pronounced his favorite words

«романтизм», да удержался и сказал: — вздор. Ты мне теперь
romanticism yes (he) restrained himself and said — nonsense You to me now

не поверишь, но я тебе говорю: мы вот с тобой попали в женское
not (you) believe but I to you say we here with you got in woman's

общество, и нам было приятно; но бросить подобное общество — все
society and to us (it) was pleasant but to throw similar society — all

равно, что в жаркий день холодною водой окатиться. Мужчине
(the) same that in hot day (with) cold water dip To a man

некогда заниматься такими пустяками; мужчина должен быть свиреп,
no time to keep himself busy with such trifles (a) man must be fierce

гласит отличная испанская поговорка. Ведь вот ты, — прибавил он,
states (an) excellent Spanish saying Indeed here you — added he

обращаясь к сидевшему на козлах мужику, — ты, умница, есть у
turning to (the) seated on (the) box man — you clever one is with

тебя жена?
you (a) wife

Мужик показал обоим приятелям свое плоское и подслеповатое
(The) peasant showed both acquaintances his flat and half-blind

лицо.
face

– Жена-то? Есть. Как не быть жене?
– Wife-then (There) is How not to be (a) wife

– Ты ее бьешь?
– You her (you) beat

– Жену-то? Всяко случается. Без причины не бьем.
– (The) wife-this Anyway (it) happens Without reason not (we) hit

– И прекрасно. Ну, а она тебя бьет?
– And beautiful Well and she you beats

Мужик задергал вожжами.
(The) peasant jerked (with the) reins

– Эко слово ты сказал, барин. Тебе бы все шутить... – Он,
– Watch word you said (the) landlord To you would all to joke – He

видимо, обиделся.
visibly got offended

– Слышишь, Аркадий Николаевич! А нас с вами прибили... вот оно
– (You) listen Arkady Nikolayevich And us with you nailed here it

что значит быть образованными людьми.
what (it) means to be educated people

Аркадий принужденно засмеялся, а Базаров отвернулся и во всю
Arkady forced laughed and Bazarov turned away and in all

дорогу уже не разевал рта.
(the) road already not gaped opened (the) mouth

Двадцать пять верст показались Аркадию за целых пятьдесят. Но вот
Twenty five miles appeared Arkady for (a) whole fifty But here

на скате пологого холма открылась наконец небольшая деревушка, где
on (a) slope (a) gentle hill opened finally (a) small hamlet where

жили родители Базарова. Рядом с нею, в молодой березовой рощице,
lived (the) parents (of) Bazarov Next with her in (a) young birch grove

виднелся дворянский домик под соломенною крышей. У первой избы
loomed (the) noble's little house under (the) straw roof At (the) first huts

стояли два мужика в шапках и бранились. «Большая ты свинья, —
stood two peasants in hats and scolded Big you (are a) pig —

говорил один другому, — а хуже малого поросенка». — «А твоя
said one (to the) other — and worse (a) young piggy — But your

жена — колдунья», — возражал другой.
wife — (a) witch — objected (the) other

— По непринужденности обращения, — заметил Аркадию Базаров, — и
— On ease appeals — noted to Arkady Bazarov — and

по игривости оборотов речи ты можешь судить, что мужики у
on playfulness of turn speeches you can judge that (the) farmers with

моего отца не слишком притеснены. Да вот и он сам выходит
my (the) father not too oppressed Yes here and he himself exits

на крыльцо своего жилища. Услыхал, знать, колокольчик. Он,
on (the) porch of his dwellings Heard to know (the little) bell (of the carriage) He

он — узнаю его фигуру. Эге, ге! как он, однако, поседел,
he — (I) recognize his figure Aha hey how he however became gray

бедняга!
(the) poor one

XX

Chapter 20

Базаров	высунулся	из	тарантаса,	а	Аркадий	вытянул	голову	из-за
Bazarov	peeked out	from	tarantas	and	Arkady	pulled out	(the) head	from behind
			the carriage			stuck out		

спины	своего	товарища	и	увидал	на	крылечке	господского	домика
(the) back	his	comrade	and	saw	on	(the) little porch	(of the) lordly	lodge

высокого,	худощавого	человека,	с	взъерошенными	волосами	и
(a) tall	skinny	man	with	disheveled	hair	and

тонким	орлиным	носом,	одетого	в	старый	военный	сюртук
(with a) thin	eagle-like	nose	dressed	in	(an) old	military	shirt

нараспашку.	Он	стоял,	растопырив	ноги,	курил	длинную	трубку	и
unbuttoned	He	stood	spread out	(the) legs	smoked	(a) long	pipe	and

щурился	от	солнца.
squinted	from	sun

Лошади	остановились.
(The) horses	stopped

—	Наконец	пожаловал,	—	проговорил	отец	Базарова,	все	продолжая
—	Finally	granted	—	spoke	(the) father	(of) Bazarov	all	continuing
		(you) visited						

курить,	хотя	чубук	так	и	прыгал	у	него	между	пальцами.	—
to smoke	although	(the) pipestem	so	also	hopped	with	him	between	(the) fingers	—
		(Ukrainian)								

Ну,	вылезай,	вылезай,	почеломкаемся.
Well	get out	get out	let's embrace

Он	стал	обнимать	сына...	«Енюшка,	Енюша»,	—	раздался	трепещущий
He	started	to embrace	(the) son	Enyushka	Enyusha	—	rang out	fluttering

женский	голос.	Дверь	распахнулась,	и	на	пороге	показалась
(a) female	voice	(The) door	swung open	and	on	(the) threshold	appeared

кругленькая,	низенькая	старушка	в	белом	чепце	и	короткой	пестрой
(a) round	short	old lady	in	white	cap	and	short	motley

кофточке. Она ахнула, пошатнулась и наверно бы упала, если бы
blouse She gasped staggered and probably would fell if would
have fallen

Базаров не поддержал ее. Пухлые ее ручки мгновенно обвились вокруг
Bazarov not supported her Plump her arms instantly coiled around
Her plump arms

его шеи, голова прижалась к его груди, и все замолкло. Только
his neck (the) head pressed itself to him (the) breast and all shut up Only

слышались ее прерывистые всхлипывания.
were heard her intermittent sobs

Старик Базаров глубоко дышал и щурился пуще прежнего.
(The) old man Bazarov deeply breathed and squinted worse than before

— Ну, полно, полно, Ариша! перестань, — заговорил он, поменявшись
— Well enough enough Arisha stop — spoke he exchanging

взглядом с Аркадием, который стоял неподвижно у тарантаса,
(a) glance with Arkady which stood motionless at (the) tarantas
the carriage

между тем как мужик на козлах даже отвернулся. — Это совсем
between that as (the) peasant on (the) box even turned away — This entirely
while

не нужно! пожалуйста, перестань.
not necessary please stop

— Ах, Василий Иваныч, — пролепетала старушка, — в кои-то веки
— Ah Vassily Ivanitsh — whispered (the) old lady — in how-then ages
I didn't see you for so long

батюшку-то моего, голубчика-то, Енюшеньку... — И, не разжимая рук,
little boy-then my little dove Enyushenku — And not unclenching hands
my little boy my little darling

она отодвинула от Базарова свое мокрое от слез, смятое и
she pushed back from Bazarov her wet from tears crumpled and

умиленное лицо, посмотрела на него какими-то блаженными и
propitiated face looked at him with somehow blessed and

смешными глазами и опять к нему припала.
smiling eyes and again to him fell down

— Ну да, конечно, это все в натуре вещей, — промолвил Василий
— Well yes of course this all in (the) nature (of) things — uttered Vassily

Иваныч, — только лучше уж в комнату пойдем. С Евгением вот
Ivanitsh — only better already in (the) room let us go With Eugene here

гость приехал. Извините, — прибавил он, обращаясь к Аркадию, и
(a) guest arrived Excuse (me) — added he turning to Arkady and

шаркнул слегка ногой, — вы понимаете, женская слабость; ну, и
shuffled slightly (with the) leg — you understand female weakness well and

сердце матери...
(the) heart (of the) mother

А у самого и губы и брови дергало, и подбородок
But with (the) same also (the) lips and (the) eyebrows twitched and (the) chin
himself

трясся... но он, видимо, желал победить себя и казаться чуть не
shook but he visibly desired to conquer himself and to appear just not
almost

равнодушным. Аркадий наклонился.
indifferent Arkady inclined himself

— Пойдемте, матушка, в самом деле, — промолвил Базаров и повел
— Let's go little mother in (the) very case — declared Bazarov and led

в дом ослабевшую старушку. Усадив ее в покойное кресло, он
into (the) house (the) weakened old lady Seating her in (the) calm chair he
the lazy armchair

еще раз наскоро обнялся с отцом и представил ему Аркадия.
still time quickly hugged with (the) father and presented to him Arkady
another

— Душевно рад знакомству, — проговорил Василий Иванович, —
— Sincerely happy (to make) acquaintance — spoke Vassily Ivanovich —

только уж вы не взыщите: у меня здесь все по простоте, на
only already you not recover with me here all on simpleness on

военную ногу. Арина Власьевна, успокойся, сделай одолжение: что за
military foot Arina Vladyevna relax do (a) favor what for

малодушие? Господин гость должен осудить тебя.
small-spiritedness Gentleman (the) guest must judge you

— Батюшка, — сквозь слезы проговорила старушка, — имени и
— Dear boy — through tears spoke (the) old lady — (the) name and

отчества не имею чести знать...
patronymics not have honor to know

— Аркадий Николаич, — с важностию, вполголоса, подсказал
— Arkady Nikolaich — with importance respect in half voice (in a low voice) prompted discreetly said discreetly

Василий Иваныч.
Vassily Ivanitsh

— Извините меня, глупую. — Старушка высморкалась и, нагиная
— Excuse me (I'm) silly — (The) old lady blew her nose and curving

голову то направо, то налево, тщательно утерла один глаз после
(the) head then (to the) right then (to the) left thoroughly wiped one eye after

другого. — Извините вы меня. Ведь я так и думала, что умру, не
(the) other — Excuse you me Indeed I so also thought that (I'd) die not

дождусь моего го... о... о... лубчика.
await my dea- ea- ea- -ear

— А вот и дождались, сударыня, — подхватил Василий Иванович.
— And here also waited for a while madam — grabbed Vassily Ivanovich

— Танюшка, — обратился он к босоногой девочке лет тринадцати,
— Taniushka — turned he to (a) barefoot girl (of) years about thirteen

в ярко-красном ситцевом платье, пугливо выглядывавшей из-за
in bright red chintz dress fearfully peeking from behind

двери, — принеси барыне стакан воды, — на подносе, слышишь? —
(the) door — bring (the) lady (a) glass (of) water — on (a) tray (you) hear —

а вас, господа, — прибавил он с какою-то старомодною игривостью,
and you gentlemen — added he with some old-fashioned playfulness

— позвольте попросить в кабинет к отставному ветерану.
— please to ask in (the) office to (the) retired veteran

— Хоть еще разочек дай обнять себя, Енюшечка, — простонала
— Might as well still once give to embrace himself Enyushechka — moaned

Арина Власьевна. Базаров нагнулся к ней. — Да какой же ты
Arina Vladyevna Bazarov bent to her — Yes what then you

красавчик стал!
(a) handsome (guy) became

— Ну, красавчик не красавчик, — заметил Василий Иванович, — а
— Well handsome not handsome — noted Vassily Ivanovich — but

мужчина, как говорится: оммфе. А теперь, я надеюсь, Арина Власьевна,
(a) man as one says oomf And now I hope Arina Vladyevna

что, насытив свое материнское сердце, ты позаботишься о
that saturating your maternal heart you take care about

насыщении своих дорогих гостей, потому что, тебе известно,
saturation of our dear guests therefore that to you is known

соловья баснями кормить не следует.
from nightingale fables to feed not follows
to live one can

Старушка привстала с кресел.
(The) old lady stood up from (the) chair

— Сию минуту, Василий Иваныч, стол накрыт будет, сама в
— This minute Vassily Ivanitsh (the) table covered will be myself in

кухню сбегаю и самовар поставить велю, все будет, все. Ведь
(the) kitchen will run off and (the) samovar to place (I) order all will be all Indeed

три года его не видала, не кормила, не поила, легко ли?
three years him not (I) saw not fed not gave to drink easily whether
by now indeed?

— Ну, смотри же, хозяюшка, хлопочи, не осрамись; а вас, господа,
— Well see then hostess bother not shame and you gentlemen

прошу за мной пожаловать. Вот и Тимофеич явился к тебе на
(I) ask after me to visit Here also Timofeitch appeared to you on

поклон, Евгений. И он, чай, обрадовался, старый барбос. Что? ведь
bow Eugene And he tea rejoiced old barbos What indeed

обрадовался, старый барбос? Милости просим за мной.
rejoiced old barbos Kindness beg for me

И Василий Иванович суетливо пошел вперед, шаркая и шлепая
And Vassily Ivanovich frantically went forward shuffling and slapping

стоптанными туфлями.
(with the) scuffed shoes

Весь его домик состоял из шести крошечных комнат. Одна из
All his little house consisted from six tiny rooms One from

них, та, куда он привел наших приятелей, называлась кабинетом.
them that where he led our friends was called office

Толстоногий стол, заваленный почерневшими от старинной пыли,
(A) thick legged table piled blackened from ancient dust

словно прокопченными бумагами, занимал весь промежуток между двумя
as if smoked papers occupied all gap between two

окнами; по стенам висели турецкие ружья, нагайки, сабля, две
windows on (the) walls hung Turkish guns nagaikas sabers two
short whips

ландкарты, какие-то анатомические рисунки, портрет Гуфеланда,
land-cards some anatomical drawings (a) portrait (of) Gufeland
maps

вензель из волос в черной рамке и диплом под стеклом;
(a) monogram of hair in black frame and diploma under glass

кожаный, кое-где продавленный и разорванный, диван помещался
leather somewhere sagging and torn couch lodged

между двумя громадными шкафами из карельской березы; на полках
between two enormous cabinets from karelian birches on (the) shelves

в беспорядке теснились книги, коробочки, птичьи чучелы, банки,
in disorder crowded books (a) box avian scarecrows jars

пузырьки; в одном углу стояла сломанная электрическая машина.
bubbles in one corner stood (a) broken electrical machine

— Я вас предупредил, любезный мой посетитель, — начал Василий
— I you warned friend my visitor — began Vassily

Иваныч, — что мы живем здесь, так сказать, на бивуаках...
Ivanitsh — that we live here so to speak on bivouacs

— Да перестань, что ты извиняешься? — перебил Базаров. —
— Yes stop what you (are you) apologizing (for) — interrupted Bazarov —

Кирсанов очень хорошо знает, что мы с тобой не Крезы и что
Kirsanov very well knows that we with you not Crescents and that

у тебя не дворец. Куда мы его поместим, вот вопрос?
with you not (is a) palace Where we him place here (is the) question

— Помилуй, Евгений; там у меня во флигельке отличная комната:
— Have mercy Eugene there with me in (the) little wing (an) excellent room
(of the house)

им там очень хорошо будет.
to him there (it) very good will be

— Так у тебя и флигелек завелся?
— So with you also (a) little wing started

— Как же-с; где баня-с, — вмешался Тимофеич.
— As same-sir where (the) bathhouse (is) sir — intervened Timofeitch

— То есть рядом с баней, — поспешно присовокупил Василий
— That is next with (the) bathhouse — in a hurry appended Vassily

Иванович. — Теперь же лето... Я сейчас сбегаю туда, распоряжусь; а
Ivanovich — Now then summer I now run away there dispose of and

ты бы, Тимофеич, пока их вещи внес. Тебе, Евгений, я,
you would Timofeitch while their things in-carry To you Eugene I

разумеется, предоставлю мой кабинет. Suum cuique.
(one can) understand provide my office His own for each one
To each his own

— Вот тебе на! Презабавный старикашка и добрейший, — прибавил
— Here to you on Amusing old man and kindest — added

Базаров, как только Василий Иванович вышел. — Такой же чудак, как
Bazarov as only Vassily Ivanovich left — Such then weirdo as

твой, только в другом роде. Много уж очень болтает.
yours only in (an) other manner Much already very chatters

— И мать твоя, кажется, прекрасная женщина, — заметил Аркадий.
— And mother yours (it) seems (an) excellent woman — noted Arkady

— Да, она у меня без хитрости. Обед нам, посмотри, какой
— Yes she with me without tricks Lunch to us (let's) look how

задаст.
will set

— Сегодня вас не ждали, батюшка, говядинки не привезли, —
— Today you not awaited dear boy beef patties not brought —

промолвил Тимофеич, который только что втащил базаровский
declared Timofeitch who only that in-dragged (the of) Bazarovsk
just then

чемодан.
luggage

— И без говядинки обойдемся, на нет и суда нет. Бедность,
— And without beef patties one gets by on not also judge not Poverty

говорят, не порок.
(they) say not (a) vice

— Сколько у твоего отца душ? — спросил вдруг Аркадий.
— How many with your (the) father souls (serfs) — asked suddenly Arkady

— Имение не его, а матери; душ, помнится, пятнадцать.
— Estate not his but mother's souls (serfs) remember myself if I remember fifteen

— И все двадцать две, — с неудовольствием заметил Тимофеич.
— And all twenty two — with displeasure noted Timofeitch

Послышалось шлепание туфель, и снова появился Василий Иванович.
Itself heard One heard slapping the slapping shoes of shoes and again appeared Vassily Ivanovich

— Через несколько минут ваша комната будет готова принять вас, —
— After several minutes your room will be ready to take you —

воскликнул он с торжественностию, — Аркадий... Николаич? так,
exclaimed he with solemnity — Arkady Nikolaich so

кажется, вы изволите величаться? А вот вам и прислуга, —
(it) seems you deign magnify And here to you also (a) servant —

прибавил он, указывая на вошедшего с ним коротко остриженного
added he indicating at (the) entered with him short trimmed

мальчика в синем, на локтях прорванном, кафтане и в чужих
boy in (a) blue on (the) elbows ripped caftan and in other people's

сапогах. — Зовут его Федькой. Опять-таки повторяю, хоть сын и
boots — (They) call him Thedka Again so (I) repeat even if (the) son also

запрещает, не взыщите. Впрочем, трубку набивать он умеет. Ведь вы
(it) prohibits not exact don't expect too much However (the) pipe stuff he is able Indeed you

курите?
smoke

— Я курю больше сигары, — ответил Аркадий.
— I smoke rather cigars — answered Arkady

— И весьма благоразумно поступаете. Я сам отдаю преферанс
— And totally prudently you do I myself give preference

сигаркам, но в наших уединенных краях доставать их чрезвычайно
(to) cigars but in our secluded regions to acquire them (is) extremely

затруднительно.
awkward

— Да полно тебе Лазаря петь, — перебил опять Базаров. — Сядь
— Yes enough to you (of) Lazarus to sing — interrupted again Bazarov — Sit down

лучше вот тут на диван да дай на себя посмотреть.
better here here on (the) couch yes give on yourself to see

Василий Иванович засмеялся и сел. Он очень походил лицом на
Vassily Ivanovich laughed and sat He much looked with the face on
in the face like

своего сына, только лоб у него был ниже и уже, и
his son only (the) forehead with him was lower and already also

рот немного шире, и он беспрестанно двигался, поводил
(the) mouth a little wider and he incessantly moved drove

плечами, точно платье ему под мышками резало, моргал,
(the) shoulders as if dress to him under (the) armpits cut blinked

покашливал и шевелил пальцами, между тем как сын его
coughed and moved (his) fingers between that as son his

отличался какою-то небрежною неподвижностию.
distinguished himself (with) some-then careless immobility

— Лазаря петь! — повторил Василий Иванович. — Ты, Евгений, не
— (of) Lazarus to sing — repeated Vassily Ivanovich — You Eugene not

думай, что я хочу, так сказать, разжалобить гостя: вот, мол, мы в
think that I want so to say pity (the) guest here pray we in

каком захолустье живем. Я, напротив, того мнения, что для
what backwater (we) live I on (the) contrary of that opinion that for

человека мыслящего нет захолустья. По крайней мере, я стараюсь, по
man thinking no backwaters On extreme measure I try on

возможности, не зарасти, как говорится, мохом, не отстать от
possibility not overgrow as one says with moss not to fall behind from

века.
century

Василий Иванович вытащил из кармана новый желтый фуляр, который
Vassily Ivanovich took out from (the) pocket (a) new yellow foulard which

успел захватить, бегая в Аркадиеву комнату, и продолжал,
(he) had time to seize running in Arkady's room and continued

помахивая им по воздуху:
waving it in (the) air

— Я уже не говорю о том, что я, например, не без
— I already not say about that that I for example not without

чувствительных для себя пожертвований, посадил мужиков на оброк и
sensitive for myself donations planted peasants on levy and

отдал им свою землю исполу. Я считал это своим долгом, самое
gave out them their land spoiled I counted this my duty same the most

благоразумие в этом случае повелевает, хотя другие владельцы даже
prudence in this case commands although other owners even

не помышляют об этом: я говорю о науках, об образовании.
not contemplate about this I talk about sciences about educations

— Да; вот я вижу у тебя — «Друг здравия» на тысяча восемьсот
— Yes here I see with you — Friend of health (a book on medicine) on thousand eighthundred

пятьдесят пятый год, — заметил Базаров.
fifty fifth year — noted Bazarov

— Мне его по знакомству старый товарищ высылает, — поспешно
— To me it on acquaintance (an) old comrade sends — in a hurry

проговорил Василий Иванович, — но мы, например, и о
spoke Vassily Ivanovich — but we for example also about

френологии имеем понятие, — прибавил он, обращаясь, впрочем, более
phrenology have concept — added he turning however more

к Аркадию и указывая на стоявшую на шкафе небольшую гипсовую
to Arkady and indicating on standing on closet (the) small gypsum

головку, разбитую на нумерованные четырехугольники, — нам и
little head broken divided on into numbered quadrilaterals — to us also

Шенлейн не остался безызвестен, и Радемахер.
Schönlein not stayed unknown and Rademacher

— А в Радемахера еще верят в *** губернии? — спросил
— And in Rademacher still (they) believe in *** district — asked

Базаров.
Bazarov

Василий Иванович закашлял.
Vassily Ivanovich coughed

— В губернии... Конечно, вам, господа, лучше знать; где ж нам
— In district Of course to you gentlemen better to know where then to us

за вами угоняться? Ведь вы нам на смену пришли. И в мое
after you get yourself away Indeed you to us on exchange arrived And in my

время какой-нибудь гуморалист Гоффман, какой-нибудь Броун с его
time some humoralist Goffman some Brown with his

витализмом казались очень смешны, а ведь тоже гремели когда-то.
vitalism seemed very laughable and indeed also thundered once

Кто-нибудь новый заменил у вас Радемахера, вы ему поклоняетесь,
Somebody new replaced with you Rademacher you to him worship

а через двадцать лет, пожалуй, и над тем смеяться будут.
and after twenty years perhaps and over that to laugh will be

— Скажу тебе в утешение, — промолвил Базаров, — что мы теперь
— (I) will tell to you in consolation — uttered Bazarov — that we now

вообще над медициной смеемся и ни перед кем не преклоняемся.
generally over medicine laugh and not before whom anyone not bow down

— Как же это так? Ведь ты доктором хочешь быть?
— How then this so Indeed you (the) doctor (you) want be

— Хочу, да одно другому не мешает.
— Want yes one another not disturbs

Василий Иванович потыкал третьим пальцем в трубку, где еще
Vassily Ivanovich poked (with the) third finger in (the) pipe where still

оставалось немного горячей золы.
remained a little (of) hot ashes

— Ну, может быть, может быть — спорить не стану. Ведь я что?
— Well can be can be — argue not stand (I will not) Indeed I what

Отставной штаб-лекарь, волату; теперь вот в агрономы попал. Я у
Retired staff physician voila tout (French) now here in agriculture got I with

вашего дедушки в бригаде служил, — обратился он опять к
your grandfather in (the) brigade served — turned he again to

Аркадию, — да-с, да-с; много я на своем веку видал видов. И в
Arkady — yes-sir yes-sir many I in my age saw reviews And in

каких только обществах не бывал, с кем не важивался! Я, тот
what only societies not been with whom not wallowed I that
every kind of society -

самый я, которого вы изволите видеть теперь перед собою, я у
same I who you deign to see now before yourself I with

князя Витгенштейна и у Жуковского пульс щупал! Тех-то, в
prince Wittgenstein and with Zhukovsky pulse felt Those-then in

южной-то армии, по четырнадцатому, вы понимаете (и тут Василий
south-then (the) army on (the) fourteenth (year) you understand and here Vassily

Иванович значительно сжал губы), всех знал наперечет.
Ivanovich meaningfully together-pressed (the) lips all (I) knew on first name basis

Ну, да ведь мое дело — сторона; знай свой ланцет, и баста! А
Well yes indeed my matter — (bed)side know ones lancet and basta And
department doctor scalpel enough

дедушка ваш очень почтенный был человек, настоящий военный.
grandfather your very respectable was man (a) real military

— Сознайся, дубина была порядочная, — лениво промолвил Базаров.
— Admit (the) cudgel was decent — lazily uttered Bazarov
the curmudgeon

— Ах, Евгений, как это ты выражаешься! помилосердуй... Конечно,
— Ah Eugene as this you express yourself have mercy Of course

генерал Кирсанов не принадлежал к числу...
(the) general Kirsanov not belonged to (the) number (of)...

— Ну, брось его, — перебил Базаров. — Я, как подъезжал сюда,
— Well throw him — interrupted Bazarov — I as (I) drove up here

порадовался на твою березовую рощицу, славно вытянулась.
rejoiced on your birch grove nicely stretched out

Василий Иванович оживился.
Vassily Ivanovich revitalized

— А ты посмотри, садик у меня теперь какой! Сам каждое
— And you look (a) little garden with me now what Myself each
and how

деревцо сажал. И фрукты есть, и ягоды, и всякие медицинские
tree planted And fruits is and berries and all kinds of medicinal
there are

травы. Уж как вы там ни хитрите, господа молодые, а все-таки
herbs Already as you there not sly gentlemen young and all-so
(nonetheless)

старик Парацельсий святую правду изрек: in herbis, verbis et
(the) old man Paracelsius saintly (the) truth uttered in grass words and

lapidibus... Ведь я, ты знаешь, от практики отказался, а
stones Indeed I you know from practices refused but
practicing medicine (stayed away)

раза два в неделю приходится стариной тряхнуть. Идут за советом
times two in (a) week it's required (with) olden (days) to shake Go for (an) advice
twice to revive the old times

— нельзя же гнать в шею. Случается, бедные прибегают к
— impossible then to chase in (the) neck (It) happens poor people run up for
away come up

помощи. Да и докторов здесь совсем нет. Один здешний сосед,
help Yes and doctors here at all not One here neighbor

представь, отставной майор, тоже лечит. Я спрашиваю о нем: учился
imagine retired major also cures I ask about him studied

ли он медицине?.. Говорят мне: нет, он не учился, он больше из
whether he medicine (They) say to me no he not studied he more from

филантропии... Ха-ха, из филантропии! а? каково! Ха-ха! ха-ха!
philanthropy Ha ha from philanthropy and how Ha ha ha ha

— Федька! набей мне трубку! — сурово проговорил Базаров.
— Thedka stuff to me (the) pipe — glumly spoke Bazarov

— А то здесь другой доктор, приезжает к больному, — продолжал
— And then here another doctor arrives to (the) ill one — continued
the patient

с каким-то отчаяньем Василий Иванович, — а больной уже
with some despair Vassily Ivanovich — but (the) sick one already
the patient had went

ad patres; человек и не пускает доктора, говорит: теперь больше
to the forefathers (the) man also not lets in (the) doctor says now more
(latin) the servant

не надо. Тот этого не ожидал, сконфузился и спрашивает: «Что,
not necessary That this one not expected got embarrassed and asks What

барин перед смертью икал?» — «Икали-с». — «И много икал?» —
(the) landlord before death hiccuped — Hiccuped-sir — And much hiccuped —

«Много». — «А, ну — это хорошо», — да и верть назад. Ха-ха-ха!
Much — Ah well — this (is) good — yes and to return back Hahaha
went home

Старик один засмеялся; Аркадий выразил улыбку на своем лице.
(The) old man alone laughed Arkady expressed (a) smile on his (the) face

Базаров только затянулся. Беседа продолжалась таким образом
Bazarov only wound himself (The) conversation continued in such means
stretched

около часа; Аркадий успел сходить в свою комнату, которая
about (an) hour Arkady had time to call in his room which

оказалась предбанником, но очень уютным и чистым.
turned out to be (the) pre-bathhouse but very cozy and clean
the anteroom of the bathhouse

Наконец вошла Танюша и доложила, что обед готов.
Finally entered Tanyusha and reported that lunch (was) ready

Василий Иванович первый поднялся.
Vassily Ivanovich (the) first came up

— Пойдемте, господа! Извините великодушно, коли наскучил. Авось
— Let's go gentlemen Excuse generously if (I) bored Perhaps

хозяйка моя удовлетворит вас более моего.
(the) mistress my will satisfy you more than me

Обед, хотя наскоро сготовленный, вышел очень хороший, даже
Lunch although quickly prepared came out very well even

обильный; только вино немного, как говорится, подгуляло: почти
abundant only (the) wine (was) a little as one says gussied up almost

черный херес, купленный Тимофеичем в городе у знакомого купца,
black sherry bought by Timofeitch in town with (a) familiar merchant

отзывался не то медью, не то канифолью; и мухи тоже
called itself from not then copper not then rosin and (the) flies also
smacked of turpentine residue

мешали. В обыкновенное время дворовый мальчик отгонял их
hindered In ordinary time (the) yard boy drove away them

большою зеленой веткой; но на этот раз Василий Иванович услал его
(with a) big green branch but at this time Vassily Ivanovich sent out him

из боязни осуждения со стороны юного поколения. Арина
out of fears (of) judgments from (the) side (of the) younger generation Arina

Власьевна успела принарядиться; надела высокий чепец с шелковыми
Vladyevna managed dress up put on (a) tall bonnet with silk

лентами и голубую шаль с разводами. Она опять всплакнула, как
ribbons and blue shawl with patterns She again cried as

только увидела своего Енюшу, но мужу не пришлось ее
only (she) saw her Enyushu but (the) husband not had to her

усовещевать: она сама поскорей утерла свои слезы, чтобы не
reassure she herself quickly wiped her tears in order to not

закапать шаль.
to smudge (her) shawl

Ели одни молодые люди: хозяева давно пообедали. Прислуживал
Ate alone (the) young people (the) owners long ago already dined Served

Федька, видимо обремененный необычными сапогами, да помогала ему
Thedka visibly burdened (with) unusual boots yes helped to him

женщина с мужественным лицом и кривая, по имени Анфисушка,
(a) woman with manly face and curved by (the) name (of) Angel

исполнявшая должности ключницы, птичницы и прачки. Василий
performing duties (of) housekeeping poultries and washerwoman Vassily

Иванович во все время обеда расхаживал по комнате и с
Ivanovich in all time (of the) dinner walked through (the) room and with

совершенно счастливым и даже блаженным видом говорил о тяжких
completely happy and even blessed look talked about heavy

опасениях, внушаемых ему наполеоновскою политикой и запутанностью
fears suggestible to him Napoleon's politics and entanglement

итальянского вопроса. Арина Власьевна не замечала Аркадия, не
(of the) Italian question Arina Vladyevna not noticed Arkady not

потчевала его; подперши кулачком свое круглое лицо, которому
indulged him propping up (with the) fist her round face to which of which

одутловатые, вишневого цвета губки и родинки на щеках и над
(the) puffy cherry colored lips and moles on (the) cheeks and over

бровями придавали выражение очень добродушное, она не сводила
(the) eyebrows gave (an) expression very good-natured she not took off

глаз с сына и все вздыхала; ей смертельно хотелось
(the) eyes from (the) son and all (the time) sighed to her mortally (it) was wanted

узнать, на сколько времени он приехал, но спросить его она боялась.
to find out for how much time he arrived but to ask him she was afraid

«Ну, как скажет на два дня», — думала она, и сердце у ней
Well how will say for two days – thought she and (the) heart with her

замирало.
faltered

После жареного Василий Иванович исчез на мгновение и
After (the) roast Vassily Ivanovich disappeared for (a) moment and

возвратился с откупоренною полубутылкой шампанского. «Вот, —
returned with (an) uncorked half-bottle (of) champagne See –

воскликнул он, — хоть мы и в глуши живем, а в
exclaimed he – even we also in (the) wilderness live and in

торжественных случаях имеем чем себя повеселить!» Он налил
ceremonial cases have with what ourselves to have fun He poured

три бокала и рюмку, провозгласил здоровье «неоцененных
three glasses and (a) shot glass proclaimed (the) health (of the) unappreciated of the priceless

посетителей» и разом, по-военному, хлопнул свой бокал, а Арину
visitors and at once militarily slammed his glass and Arina

Власьевну заставил выпить рюмку до последней капельки. Когда
Vsevolyaevna forced to drink (the) shot glass to (the) last droplets When

очередь дошла до варенья, Аркадий, не терпевший ничего сладкого,
(the) turn reached to jams Arkady not tolerating nothing sweet

почел, однако, своею обязанностью отведать от четырех различных,
considered however his duty to savor from four different ones

только что сваренных сортов, тем более что Базаров отказался наотрез
only just that boiled sorts that more that Bazarov refused flatly

и тотчас закурил сигарку. Потом явился на сцену чай со
and immediately smoked (a) cigar Then appeared itself on stage tea with

сливками, с маслом и кренделями; потом Василий Иванович повел
cream with butter and pretzels then Vassily Ivanovich led

всех в сад, для того чтобы полюбоваться красотою вечера.
all in (the) garden for of this what-would to admire itself beauty evening

Проходя мимо скамейки, он шепнул Аркадию:
Passing by (the) little bench he whispered to Arkady

— На сем месте я люблю философствовать, глядя на захождение
— On this place I love to philosophize looking at (the) setting

солнца: оно приличествует пустыннику. А там, подальше, я посадил
(of the) sun it befits (a) hermit And there further I planted

несколько деревьев, любимых Горацием.
several trees (the) favorites (of) Horatius

— Что за деревья? — спросил, вслушавшись, Базаров.
— What for trees — asked within earshot Bazarov

— А как же... акации.
— And how then acacias

Базаров начал зевать.
Bazarov began to yawn

— Я полагаю, пора путешественникам в объятия к Морфею, —
— I suppose (it's) time (for the) travelers (to go) in embrace to Morpheus —

заметил Василий Иванович.
noted Vassily Ivanovich

— То есть пора спать! — подхватил Базаров. — Это суждение
— That is time to sleep — picked up Bazarov — This (is) judgment

справедливое. Пора, точно.
fair Time exactly

Прощаясь с матерью, он поцеловал ее в лоб, а она
Pardoning himself with (the) mother he kissed her in (the) forehead and she
Parting

обняла его и за спиной, украдкой, его благословила трижды.
hugged him and behind (the) back furtively him blessed thrice

Василий Иваныч проводил Аркадия в его комнату и пожелал ему
Vassily Ivanitsh conducted Arkady into his room and wished to him

«такого благодатного отдохновения, какое и я вкушал в ваши
such a bountiful repose what also I savored in your

счастливые лета». И действительно, Аркадию отлично спалось в своем
happy summer And really Arkady very well slept in his

предбаннике: в нем пахло мятой, и два сверчка вперебивку
anteroom in it (it) smelled (like) mint and two crickets with interruptions

усыпительно трещали за печкой. Василий Иванович отправился от
soporifically trilled behind (the) stove Vassily Ivanovich directed himself from

Аркадия в свой кабинет и, прикорнув на диване в ногах у
Arkady into his own office and snoozing on (the) sofa in feet with

сына, собирался было поболтать с ним, но Базаров тотчас его
(the) son gathered himself was to chat with him but Bazarov immediately him

отослал, говоря, что ему спать хочется, а сам не заснул до
sent away saying that to him to sleep is wanted and himself not fell asleep until

утра. Широко раскрыв глаза, он злобно глядел в темноту:
morning Broadly by opening (the) eyes he viciously looked into (the) darkness

воспоминания детства не имели власти над ним, да к тому ж он
(the) memories (of) childhood not had rule over him yes to that then he

еще не успел отделаться от последних горьких впечатлений.
still not had time to do away with from (the) last bitter impressions

Арина Власьевна сперва помолилась всласть, потом долго-долго
Arina Vladyevna first prayed at ease then long, long

беседовала с Анфисушкой, которая, став, как вкопанная, перед
chatted with Anfisuschka who standing as dug in before

барыней и вперив в нее свой единственный глаз, передавала ей
(the) lady and inwardly in her own only eyes expressed her

таинственным шепотом все свои замечания и соображения насчет
(with a) mysterious whisper all her remarks and considerations about

Евгения Васильевича. У старушки от радости, от вина, от
Eugenia Vasilyevich With (the) old lady from happiness from wine from

сигарочного дыма совсем закружилась голова; муж заговорил было
cigar smoke entirely whirled (the) head (the) husband spoke was

с ней и махнул рукою.
with her and waved (with a) hand

Арина Власьевна была настоящая русская дворяночка прежнего времени;
Arina Vladyevna was really (a) russian noblewoman (of) previous times

ей бы следовало жить лет за двести, в старомосковские времена.
her would (it) followed to live years for two hundred in old moscow time

Она была очень набожна и чувствительна, верила во всевозможные
She was very devout and sensitive believed in all sorts

приметы, гаданья, заговоры, сны; верила в юродивых, в домовых,
(of) omens fortune-telling conspiracies dreams believed in holy fools in house spirits

в леших, в дурные встречи, в порчу, в народные лекарства, в
in forest spirits in bad meetings in hexes in folk medicine in
unlucky (black cat)

четверговую соль, в скорый конец света; верила, что если в
Thursday salt in (the) swift end (of the) world (she) believed that if in

светлое воскресение на всенощной не погаснут свечи, то
bright resurrection on all-nighter not go out (the) candles then
(the evening service)

гречиха хорошо уродится, и что гриб больше не растет, если
(the) buckwheat good will grow and that mushrooms more not grows if

его человеческий глаз увидит; верила, что черт любит быть там,
it (a) human (the) eyes will see believed that (the) devil loves to be there

где вода, и что у каждого жида на груди кровавое
where (is) water and that with each Jew on (the) breast (is a) bloody

пятнышко; боялась мышей, ужей, лягушек, воробьев, пиявок, грома,
spot (she) was afraid (of) mice eels frogs sparrows leeches (of) thunder

холодной воды, сквозного ветра, лошадей, козлов, рыжих людей
(of) cold water cross-cutting (of the) wind horses goats redheaded people

и черных кошек и почитала сверчков и собак нечистыми
and black cats and counted crickets and dogs (as) unclean

животными; не ела ни телятины, ни голубей, ни раков, ни сыру,
animals not (she) ate neither veal nor pigeons nor crayfish nor cheese

ни спаржи, ни земляных груш, ни зайца, ни арбузов, потому что
nor asparagus nor earthen pears nor hare nor watermelons therefore that

взрезанный арбуз напоминает голову Иоанна Предтечи; а об
carved (a) watermelon reminds (the) head (of) John (the) Forerunner and about
the Baptist

устрицах говорила не иначе, как с содроганием; любила покушать
oysters spoke not otherwise as with (a) shudder (she) loved to eat
than

— и строго постилась; спала десять часов в сутки — и не
— and strictly fasted (she) slept ten hours in 24 hours — and not

ложилась вовсе, если у Василия Ивановича заболевала голова; не
laid down completely if with Vasilly Ivanovich fell ill (the) head not
ached

прочла ни одной книги, кроме Алексиса, или Хижины в лесу,
read not one book besides Alexis or Huts in (the) forest

писала одно, много два письма в год, а в хозяйстве, сушенье и
wrote one much two letters in year and in (the) household drying and
at most

варенье знала толк, хотя своими руками ни до чего не
jam knew (the) sense although her hands not to anything not

прикасалась и вообще неохотно двигалась с места.
touched and generally reluctantly moved from (the) place

Арина Власьевна была очень добра и, по-своему, вовсе не глупа.
Arina Vladyevna was very good and in her own way completely not dumb

Она знала, что есть на свете господа, которые должны приказывать,
She knew that is on (the) world lords who must command
there are

и простой народ, который должен служить, — а потому не
and ordinary people who must serve — and therefore not

гнушалась ни подобострастием, ни земными поклонами; но с
abhorred neither subservience nor earthly bows but with

подчиненными обходилась ласково и кротко, ни одного нищего не
subordinates dispensed with affectionately and meekly not one pauper not

пропускала без подачки и никогда никого не осуждала, хотя и
let pass through without handouts and never no one not judged although also

сплетничала подчас.
gossiped at times

В молодости она была очень миловидна, играла на клавикордах и
In youth she was very pretty played on clavichords and

изъяснялась немного по-французски; но в течение многолетних
spelled out a little in French but in (the) course (of) many years of

странствий с своим мужем, за которого она вышла против воли,
wanderings with her husband for whom she went out against (her) will
with married

расплылась и позабыла музыку и французский язык. Сына своего
faded into a blur and forgot music and (the) French tongue Son hers

она любила и боялась несказанно; управление имением предоставила
she loved and feared unspeakably (the) managing (of the) estate (she) left to

Василию Ивановичу — и уже не входила ни во что: она охала,
Vasily Ivanovich — and already not entered not in that she groaned

отмахивалась платком и от испуга подымала брови все выше
waved away (with a) shawl and from terror rose (the) eyebrows all higher

и выше, как только ее старик начинал толковать о
and higher as only her (the) old man began to discuss about

предстоявших преобразованиях и о своих планах. Она была
upcoming transformations and about their plans She was

мнительна, постоянно ждала какого-то большого несчастья и
worrisome constantly awaited (of) some-then great unhappiness and

тотчас плакала, как только вспоминала о чем-нибудь печальном...
immediately cried as only remembered about something sad

Подобные женщины теперь уже переводятся. Бог знает —
Such women now already transferred themselves God knows –
became extinct

следует ли радоваться этому!
follows whether rejoice ourselves of this
whether we should

XXI
Chapter 21

Встав	с	постели,	Аркадий	раскрыл	окно	—	и	первый
Standing up	from	(the) bed	Arkady	opened	(the) window	—	and	(the) first

предмет,	бросившийся	ему	в	глаза,	был	Василий	Иванович.	В
object	throwing itself	to him	in	(the) eyes	was	Vassily	Ivanovich	In

бухарском	шлафроке,	подпоясанный	носовым	платком,	старик
Bukhara (an old Khanate)	schlafroque sleeping dress	girdled	over the nose	(with a) shawl	(the) old man

усердно	рылся	в	огороде.	Он	заметил	своего	молодого	гостя
zealously	dug	in	(the) vegetable garden	He	noted	his	young	guest

и,	опершись	на	лопатку,	воскликнул:
and	leaning	on	(the) little shovel	exclaimed

—	Здравия	желаем!	Как	почивать	изволили?
—	Health	(I) wish (you)	How	to rest	(you) deigned

—	Прекрасно,	—	отвечал	Аркадий.
—	Well	—	answered	Arkady

—	А	я	здесь,	как	видите,	как	некий	Цинциннат,	грядку	под	позднюю
—	And	I	here	as	(you) see	like	some	Cincinnatus (roman dictator)	(a) bed a seedbed	under for	late planting late

репу	отбиваю.	Теперь	настало	такое	время,	—	да	и	слава	Богу!	—
turnips	(I) chop away I prepare	Now	it's time	such	time	—	yes	and	glory	(to) god	—

что	каждый	должен	собственными	руками	пропитание	себе
that	every (one)	must	(by the) own	hands	sustenance	for themselves

доставать,	на	других	нечего	надеяться:	надо	трудиться	самому.	И
acquire	on	others	nothing	to rely oneself	necessary	to work	by oneself	And

выходит,	что	Жан-Жак	Руссо	прав.	Полчаса	тому	назад,	сударь
comes out	that	Jean-Jacques	Rousseau	(was) right	Half an hour	of this	back	sir

вы	мой,	вы	бы	увидали	меня	в	совершенно	другой	позиции.	Одной
you	my	you	would	saw	me	in	(a) completely	other	position	One

бабе, которая жаловалась на гнетку — это по-ихнему, а
baba who complained herself of oppression — this their way and
(of the chest)

по-нашему — дизентерию, я... как бы выразиться лучше... я вливал
our way — dysentery I how would (I) express myself better I injected

опиум; а другой я зуб вырвал. Этой я предложил эфиризацию...
opium and another I (a) tooth pulled out This one I offered etherization

только она не согласилась. Все это я делаю gratis — анаматёр.
only she not agreed All this I do for free — en amateur
(French)

Впрочем, мне не в диво: я ведь плебей, homo novus — не из
However to me not in wonder I indeed plebeian homo novus — not from

столбовых, не то, что моя благоверная... А не угодно ли
pillars not then than my better half And not is convenient whether
high society

пожаловать сюда, в тень, вдохнуть перед чаем утреннюю
to grant here in (the) shadow to inhale before tea (of the) morning

свежесть?
(the) freshness

Аркадий вышел к нему.
Arkady went out to him

— Добро пожаловать еще раз! — промолвил Василий Иванович,
— Good to grant still once — uttered Vassily Ivanovich
to visit

прикладывая по-военному руку к засаленной ермолке, прикрывавшей
applying militarily (the) hand to (the) greasy yarmulke covering
saluting like a soldier

его голову. — Вы, я знаю, привыкли к роскоши, к удовольствиям, но
him (the) head — You I know got used to luxury to pleasures but

и великие мира сего не гнушаются провести короткое время
also (the) great (of the) world of this not abhor themselves to lead (a) short time
of this world to pass

под кровом хижины.
under (the) roof (of a) hut

— Помилуйте, — возопил Аркадий, — какой же я великий мира
— Have mercy — exclaimed Arkady — what then I (a) great one (of the) world

сего? И к роскоши я не привык.
of this And to luxury I not accustomed

— Позвольте, позвольте, — возразил с любезной ужимкой Василий
— Please please — objected with gracious grimace Vassily

Иванович. — Я хоть теперь и сдан в архив, а тоже
Ivanovich — I might as well now also (be) handed over in archive but also
retirement

потерся в свете — узнаю птицу по полету. Я тоже
rubbed myself in (the) world — (I) will recognize (a) bird on flight I also
got around

психолог по-своему и физиогномист. Не имей я этого, смею
(am a) psychologist in my own way and physiognomist Not have I this (I) dare

сказать, дара — давно бы я пропал; затерли бы меня, маленького
to say gift — long ago would I got lost wiped out would me (a) little

человека. Скажу вам без комплиментов: дружба, которую я
man Will tell to you without compliments (the) friendship which I

замечаю между вами и моим сыном, меня искренно радует. Я сейчас
note between you and my son me sincerely rejoices I now
just

виделся с ним: он, по обыкновению своему, вероятно вам
saw myself with him he on habit his probably to you
talked as is usual for him

известному, вскочил очень рано и побежал по окрестностям.
known jumped very early and started to run on neighborhoods
got up went on a walk in the surroundings

Позвольте полюбопытствовать, — вы давно с моим Евгением
(Please) allow (me) to be curious — you long ago with my Eugene
(formal)

знакомы?
acquainted

— С нынешней зимы.
— From (the) current winter

— Так-с. И позвольте вас еще спросить, — но не присесть ли
— So-sir And please you still to ask — but not sit down whether
(sudar)

нам? — позвольте вас спросить, как отцу, со всею откровенностью:
to us — allow (me) you to ask as father with (with) whole frankness

какого вы мнения о моем Евгении?
of what you (is the) opinion about my Yevgeni

— Ваш сын — один из самых замечательных людей, с которыми
— Your son — one from (the) most remarkable people with which

я когда-либо встречался, — с живостью ответил Аркадий.
I ever met — with liveliness answered Arkady

Глаза Василия Ивановича внезапно раскрылись, и щеки его
The) eyes of Vasilly Ivanovich suddenly opened and (the) cheeks of him

слабо вспыхнули. Лопата вывалилась из его рук.
weakly flushed (The) shovel fell out from his hands

— Итак, вы полагаете... — начал он.
— Thus you believe — began he

— Я уверен, — подхватил Аркадий, — что сына вашего ждет
— I am convinced — grabbed joined in Arkady — that (the) son yours awaits

великая будущность, что он прославит ваше имя. Я убедился в этом
(a) great future that he glorifies your name I am convinced in this

с первой нашей встречи.
from (the) first (of) our meeting

— Как... как это было? — едва проговорил Василий Иванович.
— How how this was — barely (audible) spoke Vassily Ivanovich

Восторженная улыбка раздвинула его широкие губы и уже не
(An) enthusiastic smile spread him (the) wide lips and already not

сходила с них.
came down from them

— Вы хотите знать, как мы встретились?
— You want to know how we met

— Да... и вообще...
— Yes and in general

Аркадий начал рассказывать и говорить о Базарове еще с
Arkady began to talk and to talk about Bazarov still with

большим жаром, с большим увлечением, чем в тот вечер, когда он
large heat with large enthusiasm of what in that evening when he

танцевал мазурку с Одинцовой.
danced (a) mazurka with Odinetsova

Василий Иванович его слушал, слушал, сморкался, катал платок в
Vassily Ivanovich him listened listened blew his nose rocked (the) shawl in

обеих руках, кашлял, ерошил свои волосы — и наконец не вытерпел:
both hands coughed ruffled his hair — and finally not endured

нагнулся к Аркадию и поцеловал его в плечо.
(he) bent himself (over) to Arkady and kissed him on (the) shoulder

— Вы меня совершенно осчастливили, — промолвил он, не переставая
— You me completely blessed — uttered he not stopping

улыбаться, — я должен вам сказать, что я... боготворю моего сына;
to smile — I must to you say that I idolize my son

о моей старухе я уже не говорю: известно — мать! но я не
about my old woman I already not say is known — mother but I not

смею при нем выказывать свои чувства, потому что он этого не
dare with him exhibit my feelings therefore that he this not

любит. Он враг всех излияний; многие его даже осуждают за такую
loves He (is) enemy (of) all outpourings many him even condemn for such

твердость его нрава и видят в ней признак гордости или
hardness his disposition and see in her (an) attribute (of) pride or

бесчувствия; но подобных ему людей не приходится мерить
insensitivity but similar to him people not (it) fits itself to measure

обыкновенным аршином, не правда ли? Да вот, например:
(with the) usual arshin yardstick not true whether (that is) Yes here for example

другой на его месте тянул бы да тянул с своих родителей; а
another in his place pulled took money would yes pulled took money from their parents and

у нас, поверите ли? он отроду лишней копейки не взял,
with us believe believe it or not whether he from birth all his life (a) spare kopeck not took

ей-богу!
her-(to) god

— Он бескорыстный, честный человек, — заметил Аркадий.
— He (is a) selfless honest man — noted Arkady

— Именно бескорыстный. А я, Аркадий Николаич, не только
— Exactly selfless And I Arkady Nikolaich not only

боготворю его, я горжусь им, и все мое честолюбие состоит в
idolize him I (am) proud of him and all my ambition consists in

том, чтобы со временем в его биографии стояли следующие слова:
that in order to with time in his biography stood (the) following words

«Сын простого штаб-лекаря, который, однако, рано умел
Son (of a) simple staff physician who however early was capable

разгадать его и ничего не жалел для его воспитания...» —
to unravel him and nothing not pitied for his education —
to divine who he would be spared

Голос старика перервался.
(The) voice (of the) old man broke off itself

Аркадий стиснул ему руку.
Arkady gripped him (the) hand

— Как вы думаете, — спросил Василий Иванович после некоторого
— How you think — asked Vassily Ivanovich after some

молчания, — ведь он не на медицинском поприще достигнет той
silence — indeed he not on medical vocation reaches that

известности, которую вы ему пророчите?
fame which you to him prophesy

— Разумеется, не на медицинском, хотя он и в этом
— One can understand not on medical although he also in this

отношении будет из первых ученых.
relation will be from the first academics

— На каком же, Аркадий Николаич?
— On what then Arkady Nikolaich

— Это трудно сказать теперь, но он будет знаменит.
— This difficult to say now but he will be famous

— Он будет знаменит! — повторил старик и погрузился в
— He will be famous — repeated (the) old man and immersed himself in

думу.
thought

— Арина Власьевна приказали просить чай кушать, — проговорила
— Arina Vladyevna ordered to ask tea to eat — spoke

Анфисушка, проходя мимо с огромным блюдом спелой малины.
Anfisushka passing by with (a) huge dish (of) ripe raspberries

Василий Иванович встрепенулся.
Vassily Ivanovich perked up

— А холодные сливки к малине будут?
— And cold cream to (the) raspberries will be

— Будут-с.
— Will be

— Да холодные, смотри! Не церемоньтесь, Аркадий Николаич, берите
— Yes cold see Not be careful Arkady Nikolaich take

больше. Что ж это Евгений не идет?
more What then this Eugene not goes

— Я здесь, — раздался голос Базарова из Аркадиевой комнаты.
— I (am) here — rang out (the) voice Bazarov from Arkady's room

Василий Иванович быстро обернулся.
Vassily Ivanovich quickly turned himself

— Ага! ты захотел посетить своего приятеля; но ты опоздал, amice, и
— Aha you wanted to visit your friend but you were late amice and

мы имели уже с ним продолжительную беседу. Теперь надо
we had already with him (a long) lasting conversation Now necessary

идти чай пить: мать зовет. Кстати, мне нужно с тобой
to go tea to drink mother calls By the way to me necessary with you

поговорить.
to talk

— О чем?
— About what

— Здесь есть мужичок, он страдает иктером...
— Here is (a) little peasant he suffers (of) hicter

— То есть желтухой?
— Then (he) is jaundiced

— Да, хроническим и очень упорным иктером. Я прописывал ему
— Yes chronically and very stubborn hicter I prescribed to him

золототысячник и зверобой, морковь заставлял есть, давал соду; но
goldenseal and st. John's wort carrots made is gave soda but

это все паллиативные средства; надо что-нибудь порешительней.
these (are) all palliative means necessary something more decisive

Ты хоть и смеешься над медициной, а, я уверен, можешь
You might as well also laugh over medicine but I am convinced (you) can

подать мне дельный совет. Но об этом речь впереди. А теперь
give me (some) sensible advice But about this talk in front later And now

пойдем чай пить.
let us go tea to drink

Василий Иванович живо вскочил с скамейки и запел из
Vassily Ivanovich lively jumped from (the) little bench and started to sing from

«Роберта»:
Roberta

Закон, закон, закон себе поставим
Law law law itself (we) will set

На ра... на ра... на радости пожить!
On ha... on ha... on happiness to live

— Замечательная живучесть! — проговорил, отходя от окна,
— Remarkable vitality — spoke retreating from (the) window

Базаров.
Bazarov

Настал полдень. Солнце жгло из-за тонкой завесы сплошных
(It) became noon (The) sun burned from behind (the) thin curtain (of) solid

беловатых облаков. Все молчало, одни петухи задорно перекликались
whitish clouds Everything was silent some roosters cheerfully called each other

на деревне, возбуждая в каждом, кто их слышал, странное ощущение
in (the) village arousing in each who them heard (a) strange feeling

дремоты и скуки; да где-то высоко в верхушке деревьев
(of) drowsiness and boredom yes somewhere high in (the) tip (of the) trees

звенел плаксивым призывом немолчный писк молодого ястребка.
sounded (with a) plaintive call (the) continuous squeak (of a) young hawk

Аркадий и Базаров лежали в тени небольшого стога сена,
Arkady and Bazarov were lying in (the) shadows (of) not large stacks (of) hay

подостлавши под себя охапки две шумливо-сухой, но еще зеленой
lined under themselves armfuls two noisy-dry but still green

и душистой травы.
and fragrant grass

— Та осина, — заговорил Базаров, — напоминает мне мое
— That (is an) aspen tree — spoke Bazarov — reminds me (of) my

детство; она растет на краю ямы, оставшейся от кирпичного
childhood she grew up on (the) edge (of a) pit remaining from (the) brick
of a depression

сарая, и я в то время был уверен, что эта яма и осина
storage and I in that time was convinced that this pit and (the) aspen
kiln

обладали особенным талисманом: я никогда не скучал возле них. Я
possessed (a) special talisman I never not was bored near them I

не понимал тогда, что я не скучал оттого, что был ребенком.
not understood then that I not was bored from this that (I) was (a) child
because of this

Ну, теперь я взрослый, талисман не действует.
Well now I (am) grown up (the) talisman not acts
works (anymore)

— Сколько ты времени провел здесь всего? — спросил Аркадий.
— How much you time spent here all (in all) — asked Arkady

— Года два сряду; потом мы наезжали. Мы вели бродячую жизнь;
— Years two in a row then we moved We led (a) stray life

больше все по городам шлялись.
more all on cities wandered

— А дом этот давно стоит?
— And (the) house this long stands

— Давно. Его еще дед построил, отец моей матери.
— Long Him still (the) grandfather built (the) father (of) my mother

— Кто он был, твой дед?
— Who he was your grandfather

— Черт его знает. Секунд-майор какой-то. При Суворове служил и
— (The) devil him knows Second major some With Suvorov served and

все рассказывал о переходе через Альпы. Врал, должно быть.
all told about crossing through (the) Alps Lied must be

— То-то у вас в гостиной портрет Суворова висит. А я
— This-this with you in (the) drawing-room (a) portrait (of) Suvorov hangs And I

люблю такие домики, как ваш, старенькие да тепленькие; и запах
love such little houses as your old yes warmish nice and warm and (the) smell

в них какой-то особенный.
in them how-then this especially

— Лампадным маслом отзывает да донником, — произнес, зевая,
— Lamp butter recalls yes milkvetch — pronounced yawning

Базаров. — А что мух в этих милых домиках... Фа!
Bazarov — But what flies in these sweet cabins Bah

— Скажи, — начал Аркадий после небольшого молчания, — тебя в
— Say — began Arkady after (of a) not large silence — you in

детстве не притесняли?
childhood not (they) harassed were bullied

— Ты видишь, какие у меня родители. Народ не строгий.
— You see as with me (the) parents (The) people not severe

— Ты их любишь, Евгений?
— You them love Eugene

— Люблю, Аркадий!
— (I) love (them) Arkady!

— Они тебя так любят!
— They you so (much) love

Базаров помолчал.
Bazarov was silent

— Знаешь ли ты, о чем я думаю? — промолвил он на конец,
— Know maybe you about what I think — uttered he in (the) end

закидывая руки за голову.
throwing (the) hands behind (the) head

— Не знаю. О чем?
— Not (I) know About what

— Я думаю: хорошо моим родителям жить на свете! Отец в
— I think good my parents live in (the) world (The) father in

шестьдесят лет хлопочет, толкует о «паллиативных» средствах, лечит
sixty years bustles about interprets about palliative means cures

людей, великодушничает с крестьянами — кутит, одним словом; и
people is magnanimous with (the) peasants — carouses goes great (with) one word and

матери моей хорошо: день ее до того напичкан всякими
mother mine good day her until that stuffed with all (kinds of)

занятиями, ахами да охами, что ей и опомниться некогда; а я...
classes ah's and oh's that her also to remember no time and I

— А ты?
— And you

— А я думаю: я вот лежу здесь под стогом... Узенькое местечко,
— And I think I here lie here under (this) stack Narrow A cramped little place

которое я занимаю, до того крохотно в сравнении с остальным
which I occupy to that littlest in comparison with others

пространством, где меня нет и где дела до меня нет; и
space where me not I don't go anywhere also where anywhere business to me not and

часть времени, которую мне удастся прожить, так ничтожна
(the) part (of) time which to me (it would) succeed to live so negligible

перед вечностию, где меня не было и не будет... А в этом
before eternity where me not was and not will be And in this

атоме, в этой математической точке кровь обращается, мозг работает,
atom in this mathematical point blood circulates brain works

чего-то хочет тоже... Что за безобразие! Что за пустяки!
something (it) wants also What for (a) deformity an ugliness What for trifles

— Позволь тебе заметить: то, что ты говоришь, применяется вообще
— Allow to you to note this what you say applies generally

ко всем людям...
to all people

— Ты прав, — подхватил Базаров. — Я хотел сказать, что они вот,
— You (are) right — grabbed joined in Bazarov — I wanted to say that they here

мои родители то есть, заняты и не беспокоятся о собственном
my parents that is are busy and not fret about their own

ничтожестве, оно им не смердит... а я... я чувствую только скуку
nothingness it them not stinks matters to and I I feel only boredom

да злость.
and anger

— Злость? почему же злость?
— Anger why then anger

— Почему? Как почему? Да разве ты забыл?
— Why How why Yes perhaps you forgot

— Я помню все, но все-таки я не признаю за тобою права
— I remember everything but all-so (nonetheless) I not admit for you (the) right

злиться. Ты несчастлив, я согласен, но...
to get angry You (are) unhappy I agree but

— Э! да ты, я вижу, Аркадий Николаевич, понимаешь любовь, как все
— Eh yes you I see Arkady Nikolayevich understand love as all

новейшие молодые люди: цып, цып, цып, курочка, а как только
newest young people chick chick chick hen and as only

курочка начинает приближаться, давай Бог ноги! Я не таков. Но
hen begins to approach give god (the) legs I not such But

довольно об этом. Чему помочь нельзя, о том и говорить
rather about this With what help impossible about that also to talk

стыдно. — Он повернулся на бок. — Эге! вон молодец
(I'm) ashamed — He turned himself around on (the) side — Aha there (a) young

муравей тащит полумертвую муху. Тащи ее, брат, тащи! Не смотри на
ant drags (a) half-dead fly Drag her brother drag Not see on

то, что она упирается, пользуйся тем, что ты, в качестве животного,
this that she bumps take advantage of this that you in quality (of) animal

имеешь право не признавать чувства сострадания, не то что наш
(you) have right not to recognize (a) feeling (of) compassion not this what our

брат, самоломаный!
brother self-broken

— Не ты бы говорил, Евгений! Когда ты себя ломал?
— Not you would said Eugene When you yourself broke

Базаров приподнял голову.
Bazarov raised (the) head

— Я только этим и горячусь. Сам себя не сломал, так и
— I only with that also grieve Self myself not broke so also

бабенка меня не сломает. Аминь! Кончено! Слова об этом больше
(a) chick me not will break Amen Finished Words about this more

от меня не услышишь.
from me not (you) hear

Оба приятеля полежали некоторое время в молчании.
Both friend(s) lay down some time in silence

— Да, — начал Базаров, — странное существо человек. Как посмотришь
— Yes — began Bazarov — (a) strange creature (is) man As (you) look

этак сбоку да издали на глухую жизнь, какую ведут
like that from the side yes from a distance at deaf life which lead
the dumbed down

здесь «отцы», кажется: чего лучше? Ешь, пей и знай, что
here (the) fathers (it) seems what better Eat drink and know that
the parents

поступаешь самым правильным, самым разумным манером. Ан
(you) act (in the) most correct (the) most reasonable manner But in fact

нет; тоска одолеет. Хочется с людьми возиться, хоть ругать
no melancholy overpowers Wants with people mess around might as well to scold
(to curse)

их, да возиться с ними.
them yes mess around with them

— Надо бы так устроить жизнь, чтобы каждое мгновение в
— Necessary would be so to arrange life in order that each moment in

ней было значительно, — произнес задумчиво Аркадий.
her was meaningful — pronounced pensively Arkady

— Кто говорит! Значительное хоть и ложно бывает, да сладко,
— Who says Significant might as well also falsely happens yes sweetly

но и с незначительным помириться можно... а вот дрязги,
but also with insignificant to make peace oneself to reconcile possible and here squabbles

дрязги... это беда.
squabbles this (is) misfortune

— Дрязги не существуют для человека, если он только не захочет
— Squabbles not exist for (a) person if he only not wants

их признать.
them to acknowledge

— Гм... это ты сказал противоположное общее место.
— Hm this you said (is) opposite common place

— Что? Что ты называешь этим именем?
— That What you call that name

— А вот что: сказать, например, что просвещение полезно, это
— And here that to say for example that enlightenment (is) successful this

общее место; а сказать, что просвещение вредно, это
(is) common place and to say that enlightenment (is) bad this

противоположное общее место. Оно как будто щеголеватее, а, в
(is) opposite common place It (is) as if more dapper but in

сущности, одно и то же.
essence one and the same

— Да правда-то где, на какой стороне?
— Yes truth-this where on what side

— Где? Я тебе отвечу, как эхо: где?
— Where I to you will answer like (an) echo where

— Ты в меланхолическом настроении сегодня, Евгений.
— You (are) in (a) melancholic mood today Eugene

— В самом деле? Солнце меня, должно быть, распарило, да и
— In (the) very case (The) sun me must be steamed yes and

малины нельзя так много есть.
raspberries impossible so many is

— В таком случае нехудо вздремнуть, — заметил Аркадий.
— In such case badly snooze — noted Arkady

— Пожалуй; только ты не смотри на меня: всякого человека лицо
— Perhaps only you not look at me any man (has a) face

глупо, когда он спит.
foolish when he sleeps

— А тебе не все равно, что о тебе думают?
— And to you not all (the) same what about you (they) think

— Не знаю, что тебе сказать. Настоящий человек об этом не
— Not (I) know what to you to say (A) real man about this not

должен заботиться; настоящий человек тот, о котором думать нечего,
must worry himself (a) real man that about which to think nothing

а которого надобно слушаться или ненавидеть.
and which (it) is necessary to listen to or to hate

— Странно! я никого не ненавижу, — промолвил, подумавши, Аркадий.
— Strange I no one not hate — uttered thoughtfully Arkady

— А я так многих. Ты нежная душа, размазня, где тебе
— And I so many You (have a) soft soul (a) wimp where to you

ненавидеть!.. Ты робеешь, мало на себя надеешься...
to hate You get shy little on yourself rely

— А ты, — перебил Аркадий, — на себя надеешься? Ты высокого
— And you — interrupted Arkady — on yourself rely You (are of a) high

мнения о самом себе?
opinion about self yourself

Базаров помолчал.
Bazarov was silent

— Когда я встречу человека, который не спасовал бы передо мною,
— When I meet (a) person which not cramped would before in front of me

— проговорил он с расстановкой, — тогда я изменю свое мнение
— spoke he with arrangement stressed words — then I modify my opinion

о самом себе. Ненавидеть! Да вот, например, ты сегодня сказал,
about self myself To hate Yes here for example you today said

проходя мимо избы нашего старосты Филиппа, — она такая славная,
passing by (the) hut (of) our elder Philippa — she it (is) such (a) glorious

белая, — вот, сказал ты, Россия тогда достигнет совершенства, когда
white — here said you Russia then reaches perfection when

у последнего мужика будет такое же помещение, и всякий из
with (the) last peasant will be such (a) same lodgement and everyone from

нас должен этому способствовать... А я и возненавидел этого
us must to this contribute And I also conceived a hatred of this

последнего мужика, Филиппа или Сидора, для которого я должен
last peasant Philippa or Cidor for whom I must

из кожи лезть и который мне даже спасибо не скажет... да и
from (the) skins climb and who to me even thanks not will say yes and
go out of my way

на что мне его спасибо? Ну, будет он жить в белой избе, а из
on what to me him thanks Well will he live in (a) white hut and from
he will live

меня лопух расти будет; ну, а дальше?
me burdock growth will be well and further
my corpse

— Полно, Евгений... послушать тебя сегодня, поневоле согласишься с
— Enough Eugene to hear you today unwillingly agree with

теми, которые упрекают нас в отсутствии принципов.
those who reproach us in (the) absence (of) principles

— Ты говоришь, как твой дядя. Принципов вообще нет — ты об
— You talk like your uncle Principles generally no — you about

этом не догадался до сих пор! — а есть ощущения. Все от них
this not guessed until these times — but is feelings All from them
there are instincts

зависит.
depends

— Как так?
— How so

— Да так же. Например, я: я придерживаюсь отрицательного
— Yes so then For example I I adhere to (a) negative

направления — в силу ощущения. Мне приятно отрицать, мой
direction — in (the) strength (of) feelings To me (it's) pleasant to deny my
the power of my instinct

мозг так устроен — и баста! Отчего мне нравится химия? Отчего
brain (is) so arranged — and basta Why to me pleases chemistry Why
enough

ты любишь яблоки? — тоже в силу ощущения. Это все едино.
you love apples — also in (the) strength (of) feelings This (is) all one
by the power of instincts

Глубже этого люди никогда не проникнут. Не всякий тебе это
Deeper (than) this people never not (will) penetrate Not everyone to you this

скажет, да и я в другой раз тебе этого не скажу.
will say yes also I in another time to you this not will say

— Что ж? и честность — ощущение?
— What then and (is) honesty — (a) feeling
an instinct

— Еще бы!
— Still would

— Евгений! — начал печальным голосом Аркадий.
— Eugene — began (with) sorrowful voice Arkady

— А? что? не по вкусу? — перебил Базаров. — Нет, брат! Решился
— And what not on flavor — interrupted Bazarov — No brother Decided

все косить — валяй и себя по ногам!.. Однако мы довольно
all to mow (down) — drag along also myself on (the) legs However we enough

философствовали. «Природа навевает молчание сна», — сказал Пушкин.
philosophized Nature casts over (the) silence (of) sleep — said Pushkin

— Никогда он ничего подобного не сказал, — промолвил Аркадий.
— Never he nothing similar not said — uttered Arkady

— Ну, не сказал, так мог и должен был сказать, в качестве поэта.
— Well not said so could also must was to say in quality (of) poet

Кстати, он, должно быть, в военной службе служил.
By the way he must be in military service served

— Пушкин никогда не был военным!
— Pushkin never not was military

— Помилуй, у него на каждой странице: на бой, на бой! за
— Have mercy with him on each page on battle on battle for

честь России!
(the) honor (of) Russia

— Что ты это за небылицы выдумываешь! Ведь это клевета наконец.
— What you this for tall tales invent Indeed this (is) slander finally

— Клевета? Эка важность! Вот вздумал каким словом испугать!
— Slander Pfff (mock) (the) importance Here decided by what word to frighten

Какую клевету ни взведи на человека, он, в сущности, заслуживает в
Which slander not weighs on (a) man he in essence (he) deserves in of it

двадцать раз хуже того.
twenty times worse (than) that

— Давай лучше спать! — с досадой проговорил Аркадий.
— Let's (go) rather to sleep — with vexation spoke Arkady

— С величайшим удовольствием, — ответил Базаров.
— With greatest pleasure — answered Bazarov

Но ни тому, ни другому не спалось. Какое-то почти враждебное
But not that one nor (the) other not slept Some almost hostile

чувство охватывало сердца обоих молодых людей. Минут пять спустя
feeling encompassed (of the) heart both young people Minutes five later

они открыли глаза и переглянулись молча.
they opened (the) eyes and looked at each other silently

— Посмотри, — сказал вдруг Аркадий, — сухой кленовый лист
— Look — said suddenly Arkady — (a) dry maple leaf

оторвался и падает на землю; его движения совершенно сходны с
is ripped off and falls on (the) earth its motion (is) completely similar with

полетом бабочки. Не странно ли? Самое печальное и мертвое —
(the) flight (of a) butterfly Not Isn't it strange maybe Same sad and dead —

сходно с самым веселым и живым.
similar looking with like (the) most merry and alive

— О друг мой, Аркадий Николаич! — воскликнул Базаров, — об
— Oh friend my Arkady Nikolaich — exclaimed Bazarov — about

одном прошу тебя: не говори красиво.
one (I) ask you not speak beautifully

— Я говорю, как умею... Да и наконец это деспотизм. Мне
— I speak how (I) know how Yes and finally this despotism To me

пришла мысль в голову; отчего ее не высказать?
came (a) thought in (the) head why her not speak out

— Так; но почему же и мне не высказать своей мысли? Я нахожу,
— So but why then also to me not speak out my thoughts I find

что говорить красиво — неприлично.
that to talk beautifully — is improper

— Что же прилично? Ругаться?
— What (is) then decent To scold?

— Э-э! да ты, я вижу, точно намерен пойти по стопам
— Uh-huh yes you I see as if (you have) intent to go on (the) footsteps

дядюшки. Как бы этот идиот порадовался, если б
(of your) uncle How would this idiot (have) rejoiced himself if (he) would

услышал тебя!
(have) heard you

— Как ты назвал Павла Петровича?
— How you called Pavel Petrovich

— Я его назвал, как следует, — идиотом.
— I him called as follows — idiot

— Это, однако, нестерпимо! — воскликнул Аркадий.
— This (is) however unbearable — exclaimed Arkady

— Ага! родственное чувство заговорило, — спокойно промолвил Базаров.
— Aha family's feeling spoke — calmly uttered Bazarov
instinct

— Я заметил: оно очень упорно держится в людях. От всего
— I noted it very stubbornly maintains itself in people From all

готов отказаться человек, со всяким предрассудком расстанется; но
ready to refuse man with all kinds of prejudice will break up but

сознаться, что, например, брат, который чужие платки крадет,
to confess that for example (a) brother who (a) stranger's scarf steals

вор, — это свыше его сил. Да и в самом деле: мой брат,
(is a) thief — this higher (than) him force Yes and in (the) very case my brother

мой — и не гений... возможно ли это?
mine — and not (a) genius possible whether this

— Во мне простое чувство справедливости заговорило, а вовсе не
— In to me simple feeling (of) fairness spoke and completely not

родственное, — возразил запальчиво Аркадий. — Но так как ты этого
(of) family — objected vehemently Arkady — But so as you this

чувства не понимаешь, у тебя нет этого ощущения, то ты и не
feeling not understand with you not of this feeling then you also not

можешь судить о нем.
can judge about it

— Другими словами: Аркадий Кирсанов слишком возвышен для моего
— (With) other words Arkady Kirsanov too sublime for my

понимания, — преклоняюсь и умолкаю.
understandings — bow down and shut up

— Полно, пожалуйста, Евгений; мы наконец поссоримся.
— Enough please Eugene we finally quarrel

— Ах, Аркадий! сделай одолжение, поссоримся раз хорошенько — до
— Ah Arkady make (a) favor quarrel once a little good for real — to

положения раз, до истребления.
position standing up once to extermination

— Но ведь этак, пожалуй, мы кончим тем...
— But indeed like that perhaps we end with that

— Что подеремся? — подхватил Базаров. — Что ж? Здесь, на сене,
— That (we) fight — grabbed joined in Bazarov — What then Here on (the) hay

в такой идиллической обстановке, вдали от света и
in such (an) idyllic situation in the distance from (of the) world and

людских взоров — ничего. Но ты со мной не сладишь. Я тебя
(the) human gaze — nothing But you with me not harmonize I you

сейчас схвачу за горло...
now grab by (the) throat

Базаров растопырил свои длинные и жесткие пальцы... Аркадий
Bazarov unfurled his long and sharp fingers Arkady

повернулся и приготовился, как бы шутя, сопротивляться... Но
turned himself around and prepared as would jokingly resist But

лицо его друга показалось ему таким зловещим, такая нешуточная
face his (the) other (it) seemed to him of such ominous of such serious

угроза почудилась ему в кривой усмешке его губ, в загоревшихся
threat fancied to him in (the) crooked smile of his lips in (the) burning

глазах, что он почувствовал невольную робость...
eyes that he felt involuntary timidity

— А! вот вы куда забрались! — раздался в это мгновение голос
— And here you where got into — rang out in this moment (the) voice

Василия Ивановича, и старый штаб-лекарь предстал перед молодыми
(of) Vasillya Ivanovich and (the) old staff physician appeared before (the) young

людьми, облеченный в домоделанный полотняный пиджак и с
people endowed in (a) homemade linen blazer and with

соломенною, тоже домоделанною, шляпой на голове. — Я вас искал,
(the) straw also homemade hat on (the) head — I you searched for

искал... Но вы отличное выбрали место и прекрасному предаетесь
searched for But you (an) excellent elected place and beautiful indulge

занятию. Лежа на «земле», глядеть в «небо»... Знаете ли — в этом
occupation Lying on (the) land to look in (the) sky Know whether — in this

есть какое-то особое значение!
is some particular meaning

— Я гляжу в небо только тогда, когда хочу чихнуть, — проворчал
— I look in (the) sky only then when (I) want to sneeze — grumbled

Базаров и, обратившись к Аркадию, прибавил вполголоса: — Жаль, что
Bazarov and after turning to Arkady added in half voice (in a low voice) — Sorry that

помешал.
(I) disturbed

— Ну, полно, — шепнул Аркадий и пожал украдкой своему другу
— Well enough — whispered Arkady and shook furtively his friend's

руку. Но никакая дружба долго не выдержит таких столкновений.
hand But no friendship long not endures such collisions

— Смотрю я на вас, мои юные собеседники, — говорил между тем
— Look I at you my young interlocutors — said between that

Василий Иванович, покачивая головой и опираясь скрещенными
Vassily Ivanovich shaking (with the) head and leaning crossed

руками на какую-то хитро перекрученную палку собственного изделия,
(his) arms on some cleverly twisted stick (of his) own making

с фигурой турка вместо набалдашника, — смотрю и не могу не
with (a) figure (of a) Turk instead of (a) knob — look and not can not

любоваться. Сколько в вас силы, молодости самой цветущей,
admire How much in you strength youth (the) very blooming

способностей, талантов! Просто... Кастор и Поллукс!
abilities talents Simply Castor and Pollux

— Вон куда — в мифологию метнул! — промолвил Базаров. — Сейчас
— There where — in mythology tossed — uttered Bazarov — Now

видно, что в свое время сильный был латинист! Ведь ты, помнится,
visible that in your time strong was latinist Indeed you remember

серебряной медали за сочинение удостоился, а?
silver medals for essay honored and

— Диоскуры, Диоскуры! — повторял Василий Иванович.
— Dioscuri Dioscuri — repeated Vassily Ivanovich
Discourses Discourses

— Однако полно, отец, не нежничай.
— However enough father not tenderize

— В кои-то веки разик можно, — пробормотал старик. — Впрочем,
— In how-then ages once possible — muttered (the) old man — However
For once (finally) it's possible

я вас, господа, отыскал не с тем, чтобы говорить вам
I you gentlemen found not with that in order to tell to you

комплименты; но с тем, чтобы, во-первых, доложить вам, что мы
compliments but with that so that firstly to report to you that we

скоро обедать будем; а во-вторых, мне хотелось предварить тебя,
soon to dine will and in second to me (it's) wanted to anticipate you
to warn

Евгений... Ты умный человек, ты знаешь людей, и женщин
Eugene You (are an) intelligent man you know people and women

знаешь, и, следовательно, извинишь... Твоя матушка молебен
(you) know and hence excuse me Your little mother prayer service

отслужить хотела по случаю твоего приезда. Ты не воображай, что я
serve wanted for (the) event (of) your visit You not imagine that I

зову тебя присутствовать на этом молебне: уж он кончен; но отец
call you to be present on this prayer service already it is over but father

Алексей...
Alexey

— Поп?
— (The) priest

— Ну да, священник; он у нас... кушать будет... Я этого не
— Well yes (the) priest he (is) with us to eat will be I this not

ожидал и даже не советовал... но как-то так вышло... он меня не
expected and even not advised but somehow so went out he me not

понял... Ну, и Арина Власьевна... Притом же он у нас очень
understood Well also Arina Vladyevna Besides then he with us (is) very

хороший и рассудительный человек.
good and (a) judicious man

— Ведь он моей порции за обедом не съест? — спросил Базаров.
— Indeed he my portions for lunch not will eat — asked Bazarov

Василий Иванович засмеялся.
Vassily Ivanovich laughed

— Помилуй, что ты!
— Have mercy what (are) you (saying)

— А больше я ничего не требую. Я со всяким человеком готов
— And more I nothing not demand I with all kinds of man am ready

за стол сесть.
at (the) table to sit down

Василий Иванович поправил свою шляпу.
Vassily Ivanovich fixed his hat

— Я был наперед уверен, — промолвил он, — что ты выше
— I was in-advance convinced — uttered he — that you (are) higher

всяких предрассудков. На что вот я — старик, шестьдесят
(than) all sorts of prejudices On that here I — (an) old man sixty

второй год живу, а и я их не имею. (Василий Иванович не
second year (I) live but also I them (prejudices) not have Vassily Ivanovich not

смел сознаться, что он сам пожелал молебна... Набожен он был
dared to confess that he himself wished (the) prayer service Devout he was

не менее своей жены.) А отцу Алексею очень хотелось с тобой
not less (than) his wife And father Alexey very much wanted with you

познакомиться. Он тебе понравится, ты увидишь. Он и в карточки
to be introduced He to you will please you will see He also in (the) cards

не прочь поиграть, и даже... но это между нами... трубочку курит.
not averse to play and even but this (is) between us (a) little pipe smokes

– Что же? Мы после обеда засядем в ералаш, и я его обыграю.
– What then We after dinner sit down in jumble (card game) and I him beat

– Хе-хе-хе, посмотрим! Бабушка надвое сказала.
– Heh-heh-heh let's see Grandmother in two said (idiom) That's not certain

– А что? разве стариной тряхнешь? – промолвил с особенным
– And what perhaps (with) olden (days) (you) shake – uttered with special

ударением Базаров.
accent Bazarov

Бронзовые щеки Василия Ивановича смутно покраснели.
(The) bronze cheeks (of) Vasillya Ivanovich vaguely reddened

– Как тебе не стыдно, Евгений... Что было, то прошло. Ну да, я
– How you not (are) ashamed Eugene That was then passed Well yes I

готов вот перед ними признаться, имел я эту страсть в молодости
am ready here before them to admit had I this passion in youth

– точно; да и поплатился же я за нее! Однако как жарко.
– as if yes also paid then I for her However as hot

Позвольте подсесть к вам. Ведь я не мешаю?
Please sit down to you Indeed I not disturb

– Нисколько, – ответил Аркадий.
– Not a bit – answered Arkady

Василий Иванович кряхтя опустился на сено.
Vassily Ivanovich grunting dropped on hay

— Напоминает мне ваше теперешнее ложе, государи мои, — начал
— Reminds to me your current bed sovereigns (of) mine — began

он, — мою военную, бивуачную жизнь, перевязочные пункты, тоже
he — my military bivouac life dressing medical points stations also

где-нибудь этак возле стога, и то еще слава Богу. — Он
somewhere like that near stacks and then still glory (to) god — He

вздохнул. — Много, много испытал я на своем веку. Вот, например,
sighed — Much much experienced I in my age Here for example

если позволите, я вам расскажу любопытный эпизод чумы в
if will allow I to you tell (the) curious episode (of the) plague in

Бессарабии.
Bessarabia

— За который ты получил Владимира? — подхватил Базаров. —
— For which you obtained (the) Vladimir (medal) — grabbed interjected Bazarov —

Знаем, знаем... Кстати, отчего ты его не носишь?
(I) know (I) know By the way why you him not wear

— Ведь я тебе говорил, что я не имею предрассудков, —
— Indeed I to you said that I not have prejudices —

пробормотал Василий Иванович (он только накануне велел спороть
muttered Vassily Ivanovich he only (the) day before ordered to rip off

красную ленточку с сюртука) и принялся рассказывать
(the) red ribbon from (the) frock-coat and started to talk

эпизод чумы. — А ведь он заснул, — шепнул он вдруг
(of the) episode (of the) plague — And indeed he fell asleep — whispered he suddenly

Аркадию, указывая на Базарова и добродушно подмигнув. — Евгений!
to Arkady indicating at Bazarov and good-naturedly with a wink — Eugene

вставай! — прибавил он громко: — Пойдем обедать...
arise (wake up) — added he loudly — Let us go to dine

Отец Алексей, мужчина видный и полный, с густыми, тщательно
Father Alexey (The priest) (a) man visible stately and stout with thick thoroughly

расчесанными волосами, с вышитым поясом на лиловой шелковой
combed hair with (an) embroidered belt on (a) mauve silk

рясе, оказался человеком очень ловким и находчивым. Он первый
cassock turned out to be (a) man very clever and resourceful He first

поспешил пожать руку Аркадию и Базарову, как бы
hurried to press (the) hand (of) Arkady and Bazarov as (if) (he) would
to shake

понимая заранее, что они не нуждаются в его благословении, и
(be) understanding in advance that they not have need in his blessing and

вообще держал себя непринужденно. И себя он не выдал и
generally held himself casually And himself he not gave out and
imposed

других не задел; кстати посмеялся над семинарскою латынью и
others not offended by the way (he) laughed over (the) seminary latin and

заступился за своего архиерея; две рюмки вина выпил, а от
interceded for his bishop two shot glasses wine drank and from

третьей отказался; принял от Аркадия сигару, но курить ее не
(the) third refused took on from Arkady (a) cigarette but to smoke her not

стал, говоря, что повезет ее домой.
started saying that (he) will bring her home

Не совсем приятно было в нем только то, что он то и дело
Not entirely pleasant was in him only this that he then and matter
every now and then

медленно и осторожно заносил руку, чтобы ловить мух у
slowly and carefully brought over (the) hand in order to to catch flies with

себя на лице, и при этом иногда давил их. Он сел за
himself on (the) face and with this (hand) sometimes pressed them He sat behind

зеленый стол с умеренным изъявлением удовольствия и кончил
(the) green table with moderate exclamation (of) satisfaction and finished

тем, что обыграл Базарова на два рубля пятьдесят копеек
with that that (he) beat Bazarov in two rubles fifty kopecks

ассигнациями: в доме Арины Власьевны и понятия не имели
(of bank-) notes in (the) house (of) Arina Vsevolyaevna also notions not (they) had

о счете на серебро...
about account(s) in silver

Она по-прежнему сидела возле сына (в карты она не играла),
She as before sat near (the) son in cards she not played

по-прежнему подпирая щеку кулачком, и вставала только затем,
as before propping up (the) cheek (with the) fist and stood up only for that

чтобы велеть подать какое-нибудь новое яство. Она боялась ласкать
in order to order to get some new dish She was afraid to caress

Базарова, и он не ободрял ее, не вызывал ее на ласки; притом
Bazarov and he not encouraged her not summoned her on caresses besides

же и Василий Иванович присоветовал ей не очень его «беспокоить».
then also Vassily Ivanovich advised her not much him to bother

«Молодые люди до этого неохотники», — твердил он ей (нечего
Young people to this unwilling – said he her nothing

говорить, каков был в тот день обед: Тимофеич собственною персоной
to talk how was in that day lunch Timofeitch my own person

скакал на утренней заре за какою-то особенною черкасскою
galloped on (by the) morning dawn for some especial cherkassy

говядиной; староста ездил в другую сторону за налимами, ершами
beef (the) headman drove in (the) other side for burbot ruffs

и раками; за одни грибы бабы получили сорок две копейки
and crayfish for some mushrooms women received forty two kopecks

медью); но глаза Арины Власьевны, неотступно обращенные на
copper but (the) eyes (of) Arina Vsevolyaevna relentlessly directed on

Базарова, выражали не одну преданность и нежность: в них
Bazarov expressed not only devotion and tenderness in them

виднелась и грусть, смешанная с любопытством и страхом,
was visible also sadness mixed with curiosity and fear

виднелся какой-то смиренный укор.
(there) was visible some humble reproach

Впрочем, Базарову было не до того, чтобы разбирать, что именно
However Bazarov was not to the person that that (he) would pick out what exactly

выражали глаза его матери; он редко обращался к ней, и
expressed (the) eyes (of) his mother he rarely addressed himself to her and

то с коротеньким вопросом. Раз он попросил у ней руку
then (only) with (a) short question Once he asked with her (the) hand

на счастье; она тихонько положила свою мягкую ручку на его жесткую
in happiness she silently lay her soft hand on his rigid

и широкую ладонь.
and wide palm

— Что, — спросила она, погодя немного, — не помогло?
— What — asked she later a little — not helped
it didn't help?

— Еще хуже пошло, — отвечал он с небрежною усмешкой.
— Still worse (it) went — answered he with careless grin
It's worse now

— Очинно они уже рискуют, — как бы с сожалением произнес
— Clearly they already take risks — as would with regret pronounced
if

отец Алексей и погладил свою красивую бороду.
father Alexey and stroked his beautiful beard

— Наполеоновское правило, батюшка, наполеоновское, — подхватил
— Napoleonic rule little father napoleonic — grabbed
interjected

Василий Иванович и пошел с туза.
Vassily Ivanovich and went with (the) ace

— Оно же и довело его до острова Святыя Елены, — промолвил
— It then also brought him to (the) island (of) Saints Helens — uttered

отец Алексей и покрыл его туза козырем.
father Alexey and covered his ace (with a) trump

— Не желаешь ли смородинной воды, Енюшечка? — спросила Арина
— Not (you) want maybe currant water Enyushechka — asked Arina

Власьевна.
Vladyevna

Базаров только плечами пожал.
Bazarov only (the) shoulders shook

— Нет! — говорил он на следующий день Аркадию, — уеду отсюда
— No — said he on (the) following day to Arkady — (I) go away from here

завтра. Скучно; работать хочется, а здесь нельзя. Отправлюсь
tomorrow Boring to work oneself wants and here impossible Go

опять к вам в деревню; я же там все свои препараты оставил. У
again to you in (the) village I then there all my preparations left With
lab stuff

вас, по крайней мере, запереться можно. А то здесь отец мне
you on extreme measure to lock up is possible And then here (the) father to me
on top of that

твердит: «Мой кабинет к твоим услугам — никто тебе мешать не
firmly My office to your service — nobody to you interfere not

будет»; а сам от меня ни на шаг. Да и совестно как-то от
will be and himself from me not on step Yes and embarrassing somehow from

него запираться. Ну и мать тоже. Я слышу, как она вздыхает за
him to lock up Well and mother also I hear how she sighs behind

стеной, а выйдешь к ней — и сказать ей нечего.
(the) wall and goes out to her — and to say her (I have) nothing

— Очень она огорчится, — промолвил Аркадий, — да и он тоже.
— Much she grieves — uttered Arkady — yes and he also

— Я к ним еще вернусь.
— I to them still shall come back

— Когда?
— When

— Да вот как в Петербург поеду.
— Yes here like in Petersburg (I) will go

— Мне твою мать особенно жалко.
— To me your mother especially pity
is pitiful

— Что так? Ягодами, что ли, она тебе угодила?
— That so Berries that whether she to you pleased

Аркадий опустил глаза.
Arkady lowered (the) eyes

— Ты матери своей не знаешь, Евгений. Она не только отличная
— You (the) mother yours not (you) know Eugene She not only (an) excellent

женщина, она очень умна, право. Сегодня утром она со мной
woman she (is) very smart true Today (in the) morning she with me

с полчаса беседовала, и так дельно, интересно.
with half an hour chatted and so deliberately interesting

— Верно, обо мне все распространялась?
— Probably about me all spread out herself
expanded

— Не о тебе одном была речь.
— Not about you alone was (the) talk

— Может быть; тебе со стороны видней. Коли может женщина
— May be to you from (the) side (is) more visible If can (a) woman

получасовую беседу поддержать, это уж знак хороший. А я
half (an) hour (a) conversation endure this already (is a) sign good And I

все-таки уеду.
all-so (nonetheless) go away

— Тебе нелегко будет сообщить им это известие. Они все рассуждают
— To you not easy will be to report them this news They all reason

о том, что мы через две недели делать будем.
about this what we after two weeks to do will

— Нелегко. Черт меня дернул сегодня подразнить отца; он на
— Not easy (The) devil me pulled today to tease (the) father he for

днях велел высечь одного своего оброчного мужика — и очень
days ordered to carve one of his annuity peasants — and very

хорошо сделал; да, да не гляди на меня с таким ужасом, — очень
good did yes yes not look at me with such horror — very

хорошо сделал, потому что вор и пьяница он страшнейший; только
good did therefore that thief and (a) drunkard he worst only

отец никак не ожидал, что я об этом, как говорится, известен
(the) father in no way not expected that I about this as one says known

стал. Он очень сконфузился, а теперь мне придется вдобавок его
started He very got embarrassed and now to me it befalls in addition him

огорчить... Ничего! До свадьбы заживет.
to grieve Nothing Until (the) wedding heals

Базаров сказал: «Ничего!» — но целый день прошел, прежде чем он
Bazarov said nothing — but (the) whole day walked before that he

решился уведомить Василия Ивановича о своем намерении. Наконец,
decided to notify Vasillya Ivanovich about his intention Finally

уже прощаясь с ним в кабинете, он проговорил с натянутым
already saying goodbye with him in (the) office he spoke with taut

зевком:
yawn

— Да... чуть было не забыл тебе сказать... Вели-ка завтра наших
— Yes just was not forgot to you to say Order-please tomorrow our

лошадей к Федоту выслать на подставу.
horses to Fedot to send for setup
a replacement of horses

Василий Иванович изумился.
Vassily Ivanovich marveled himself

— Разве господин Кирсанов от нас уезжает?
— Perhaps gentleman Kirsanov from us leaves

— Да; и я с ним уезжаю.
— Yes and I with him go away

Василий Иванович перевернулся на месте.
Vassily Ivanovich turned over on (the) place

— Ты уезжаешь?
— You leave?

— Да... мне нужно. Распорядись, пожалуйста, насчет лошадей.
— Yes to me (is) necessary Arrange please concerning (the) horses

— Хорошо... — залепетал старик, — на подставу... хорошо...
— Good — babbled (the) old man — for (a) setup good
a replacement of horses

только... только... Как же это?
only only How then this

— Мне нужно съездить к нему на короткое время. Я потом опять
— To me necessary to travel to him for (a) short time I then again

сюда вернусь.
here shall come back

— Да! На короткое время... Хорошо. — Василий Иванович вынул
— Yes For (a) short time Good — Vassily Ivanovich took out

платок и, сморкаясь, наклонился чуть не до земли. — Что
(the) kerchief and blowing kneeled himself just not until (the) ground — What

ж? это... все будет. Я было думал, что ты у нас... подольше. Три
then this all will be I was thought that you with us longer Three

дня... Это, это, после трех лет, маловато; маловато, Евгений!
days This this after three years little very little Eugene

— Да я ж тебе говорю, что я скоро вернусь. Мне необходимо.
— Yes I then to you say that I soon shall come back To me (it is) necessary

— Необходимо... Что ж? Прежде всего надо долг исполнять... Так
— (It is) necessary What then Before all necessary debt to fulfill So

выслать лошадей? Хорошо. Мы, конечно, с Ариной этого не ожидали.
send horses Good We of course with Arina this not expected

Она вот цветов выпросила у соседки, хотела комнату тебе убрать.
She here flowers begged from (the) neighbor wanted (the) room to you put away

(Василий Иванович уже не упомянул о том, что каждое утро,
Vassily Ivanovich already not mentioned about this that each morning

чуть свет, стоя о босу ногу в туфлях, он совещался с
just light standing on (the) bare feet in shoes he conferred with
very early

Тимофеичем и, доставая дрожащими пальцами одну изорванную
Timofeitch and reaching (with) shaking fingers one tattered

ассигнацию за другою, поручал ему разные закупки, особенно
currency bill for (the) other instructed to him different procurements especially
money

налегая на съестные припасы и на красное вино, которое сколько
leaning on edible supplies and on red wine which as much as
emphazing

можно было заметить, очень понравилось молодым людям.) Главное
possible was to notice very appealed (the) young people (the) main (thing)

— свобода; это мое правило... не надо стеснять... не...
— freedom this (is) my rule not necessary to constrict not

Он вдруг умолк и направился к двери.
He suddenly fell silent and directed himself to (the) door

— Мы скоро увидимся, отец, право.
— We soon will see each other father true

Но Василий Иванович, не оборачиваясь, только рукой махнул и
But Vassily Ivanovich not turning around only (with his) hand waved and

вышел. Возвратясь в спальню, он застал свою жену в постели и
left Returning in (the) bedroom he caught his (the) wife in (the) bed and
found

начал молиться шепотом, чтобы ее не разбудить. Однако она
began to pray in a whisper in order to her not to wake However she

проснулась.
awoke

— Это ты, Василий Иваныч? — спросила она.
— This you Vassily Ivanitsh — asked she

— Я, матушка!
— I little mother

— Ты от Енюши? Знаешь ли, я боюсь: покойно ли ему
— You from Enyusha (You) know maybe I am afraid comfortable whether to him

спать на диване? Я Анфисушке велела положить ему твой
to sleep on (the) sofa I Anfisuschka commanded to put down to him your

походный матрасик и новые подушки; я бы наш пуховик ему
camping mattress pad and new pillows I would our down jacket to him

дала, да он, помнится, не любит мягко спать.
gave yes he remember not loves softly to sleep

— Ничего, матушка, не беспокойся. Ему хорошо. Господи, помилуй
— Nothing little mother not worry To him (it's) good Lord have mercy

нас грешных, — продолжал он вполголоса свою молитву. Василий
(on) us sinners — continued he in half voice (in a low voice) his prayer Vassily

Иванович пожалел свою старушку; он не захотел сказать ей на
Ivanovich started to feel sorry for his old lady he not wanted to tell her on

ночь, какое горе ее ожидало.
(the) night what grief her awaited

Базаров с Аркадием уехали на другой день. С утра уже
Bazarov with Arkady left on (the) other the next day From (the) morning already

все приуныло в доме; у Анфисушки посуда из рук
all (were) dejected in (the) house with Anfisuschka tableware from (the) hands

валилась; даже Федька недоумевал и кончил тем, что снял
fell even Thedka perplexed and finished this that (he) took off

сапоги. Василий Иванович суетился больше чем когда-либо: он
(the) boots Vassily Ivanovich bustled about more than ever he

видимо храбрился, громко говорил и стучал ногами, но лицо его
visibly was brave loudly spoke and knocked (the) feet but (the) face him

осунулось, и взгляды постоянно скользили мимо сына. Арина
drained and glances constantly slid by (the) son Arina

Власьевна тихо плакала; она совсем бы растерялась и не совладела
Vladyevna quietly cried she entirely would was lost and not coped

бы с собой, если бы муж рано утром целые два
would with herself if would (the) husband early (in the) morning whole two

часа ее не уговаривал.
hours her not was persuading

Когда же Базаров, после неоднократных обещаний вернуться никак не
When then Bazarov after repeated promises to return in no way not

позже месяца, вырвался наконец из удерживавших его объятий и
later (than a) month (he) broke out finally from (the) retaining him embrace and

сел в тарантас; когда лошади тронулись, и колокольчик
sat in (the) tatantas when (the) horse moved and (the little) bell (of the carriage)
the carriage

зазвенел, и колеса завертелись, — и вот уже глядеть вслед
jingled and (the) wheels spun — and here already to look after

было незачем, и пыль улеглась, и Тимофеич, весь сгорбленный
was no reason and (the) dust settled down and Timofeitch all hunched

и шатаясь на ходу, поплелся назад в свою каморку; когда старички
and staggering on (the) go trudged off back in his den when (the) old folks

остались одни в своем, тоже как будто внезапно съежившемся и
remained alone in theirs also as if suddenly shrunken and
by themselves

подряхлевшем доме, — Василий Иванович, еще за несколько мгновений
decrepit house — Vassily Ivanovich still for several moments

молодцевато махавший платком на крыльце, опустился на стул и
admirably waved (with a) shawl on (the) porch let down himself on (a) chair and

уронил голову на грудь.
dropped (the) head on (the) breast

«Бросил, бросил нас, — залепетал он, — бросил; скучно ему
(He) threw (he) threw us — babbled he — (he) threw (us) boring to him

стало с нами. Один как перст теперь, один!» — повторил он
became with us Alone like (a) finger now alone — repeated he

несколько раз и каждый раз выносил вперед свою руку с
several times and every time brought out forward his hand with

отделенным указательным пальцем. Тогда Арина Власьевна приблизилась
separated index finger Then Arina Vladyevna approached

к нему и, прислонив свою седую голову к его седой голове, сказала:
to him and leaning her grey head to his grey head said

«Что делать, Вася! Сын — отрезанный ломоть. Он что сокол: захотел
what to do Vasha (A) son — (a) severed chunk He (is) that falcon wanted

— прилетел, захотел — улетел; а мы с тобой, как опенки на
— arrived flying wanted — flew away and we with you together like honey fungus in

дупле, сидим рядком и ни с места. Только я останусь
(the) hollow sit row by row and not from (the) place (move) Only I remain

для тебя навек неизменно, как и ты для меня».
for you forever invariably as also you for me

Василий Иванович принял от лица руки и обнял свою жену,
Vassily Ivanovich took on from (the) face (the) hands and embraced his wife

свою подругу, так крепко, как и в молодости ее не обнимал: она
his girlfriend so strongly as also in (the) youth her not held she

утешила его в его печали.
comforted him in his sorrows

XXII
Chapter 22

Молча, лишь изредка меняясь незначительными словами, доехали наши
Silently just occasionally changing insignificant words arrived our

приятели до Федота. Базаров был не совсем собою доволен. Аркадий
acquaintances to Fedota Bazarov was not entirely himself content Arkady

был недоволен им. К тому же он чувствовал на сердце ту
was dissatisfied with him To that then he felt on (the) heart that

беспричинную грусть, которая знакома только одним очень молодым
gratuitous sadness which familiar only alone very (with the) young

людям. Кучер перепряг лошадей и, взобравшись на козлы,
people (The) coachman harnessing horses and having climbed on (the) box

спросил: направо аль налево?
asked (to the) right or (to the) left

Аркадий дрогнул. Дорога направо вела в город, а оттуда домой;
Arkady trembled (The) road (to the) right led in (the) city and from there home

дорога налево вела к Одинцовой.
(the) road (to the) left led to Odinetsova

Он взглянул на Базарова.
He looked at Bazarov

— Евгений, — спросил он, — налево?
— Eugene — asked he — (to the) left

Базаров отвернулся.
Bazarov turned away

— Это что за глупость? — пробормотал он.
— This what for stupidity — muttered he

— Я знаю, что глупость, — ответил Аркадий. — Да что за беда?
— I know that (it is) stupidity — answered Arkady — Yes what for is the problem

Разве нам в первый раз?
Perhaps to us in (the) first time

Базаров надвинул картуз себе на лоб.
Bazarov thrust (the) cap himself on (the) forehead

— Как знаешь, — проговорил он наконец.
— As (you) know — spoke he finally
Do as you like

— Пошел налево! — крикнул Аркадий.
— Went (to the) left — shouted Arkady

Тарантас покатил в направлении к Никольскому. Но, решившись
(The) tarantas rolled in (the) direction to Nikolsky But deciding themselves
The carriage

на глупость, приятели еще упорнее прежнего молчали и даже
for (the) stupidity (the) acquaintances still harder than before kept silent and even

казались сердитыми.
seemed angry

Уже по тому, как их встретил дворецкий на крыльце одинцовского
Already on that as them met (the) butler on (the) porch (of) Odintsova's

дома, приятели могли догадаться, что они поступили
home (the) acquaintances could guess that they came in

неблагоразумно, поддавшись внезапно пришедшей им фантазии. Их,
unwisely yielding suddenly (to the) arrived to them fantasy Them
fancy

очевидно, не ожидали. Они просидели довольно долго и с довольно
obviously not expected They sat through rather long and with rather
sat for a while

глупыми физиономиями в гостиной. Одинцова вышла к ним
foolish faces in (the) drawing-room Odintsova came out to them

наконец. Она приветствовала их с обыкновенною своей любезностью,
finally She welcomed them with ordinarily her courtesy

но удивилась их скорому возвращению и, сколько можно было
but was surprised (by) their so soon return and as much possible was

судить по медлительности ее движений и речей, не слишком ему
to judge on (the) slowness (of) her movements and speech not too much to it

обрадовалась.
rejoiced

Они поспешили объявить, что заехали только по дороге и часа
They hurried to declare that (they) stopped by only on (the) road and hours

через четыре отправятся дальше, в город. Она ограничилась легким
after four (would) set out further into (the) city She limited herself (to a) light

восклицанием, попросила Аркадия поклониться отцу от ее
exclamation asked Arkady bow herself (to the) father from her
to send her regards

имени и послала за своею теткой. Княжна явилась вся
name and sent for her aunt (the) princess appeared entirely

заспанная, что придавало еще более злобы выражению ее
sleepy which imparted (a) still more spiteful expression (from) her

сморщенного, старого лица. Кате нездоровилось, она не выходила из
wrinkled old face Katya was unwell she not came out from

своей комнаты. Аркадий вдруг почувствовал, что он,
her room Arkady suddenly felt that he

по крайней мере, столько же желал видеть Катю, сколько и самое
on extreme measure so much as desired to see Katya as much also (the) same
at least

Анну Сергеевну. Четыре часа прошло в незначительных толках о том
Anna Sergeyevna Four hours passed in meaningless banter about this

о сем; Анна Сергеевна и слушала и говорила без улыбки. Только
or that Anna Sergeyevna also listened and talked without (a) smile Only

при самом прощании прежнее дружелюбие как будто шевельнулось в
with (the) very farewell (her) previous friendliness as if moved in

ее душе.
her soul

— На меня теперь нашла хандра, — сказала она, — но вы не
– On me now found moping – said she – but you not

обращайте на это внимания и приезжайте опять, я вам это обоим
to turn on this attention and come again I to you this both

говорю, через несколько времени.
say after not-much time
a little

И Базаров и Аркадий ответили ей безмолвным поклоном, сели в
And Bazarov and Arkady answered her (with a) silent bow sat down in

экипаж и, уже нигде не останавливаясь, отправились домой, в
(the) carriage and already nowhere not stopping set off home in

Марьино, куда и прибыли благополучно на следующий день
Marina where also arrived safely on (the) following day

вечером. В продолжение всей дороги ни тот, ни другой не
(in the) evening In continuation (of) all (the) road not this one not (the) other not

упомянул даже имени Одинцовой; Базаров в особенности почти не
mentioned even (the) name Odinetsova Bazarov in particular almost not

раскрывал рта и все глядел в сторону, прочь от дороги, с
opened (the) mouth and all looked to (the) side away from (the) road with

каким-то ожесточенным напряжением.
some fierce tension

В Марьине им все чрезвычайно обрадовались. Продолжительное
In Marina them all extremely rejoiced (The) prolonged

отсутствие сына начинало беспокоить Николая Петровича; он
absence (of the) son began make uneasy Nicholas Petrovich he

вскрикнул, заболтал ногами и подпрыгнул на диване, когда Фенечка
cried out dawdled (the) feet and bounced on (the) sofa when Fenechka

вбежала к нему с сияющими глазами и объявила о приезде
ran in to him with shining eyes and declared about (the) arrival

«молодых господ»; сам Павел Петрович почувствовал некоторое
(of the) young gentlemen himself Pavel Petrovitch felt some

приятное волнение и снисходительно улыбался, потрясая руки
pleasant emotion and condescendingly smiled shaking (the) hands

возвратившихся странников. Пошли толки, расспросы; говорил больше
(of the) returning wanderers Went rumblings inquiries spoke more

Аркадий, особенно за ужином, который продолжался далеко за
Arkady especially for supper which continued far after

полночь. Николай Петрович велел подать несколько бутылок портера,
midnight Nikolai Petrovitch ordered to get several bottles (of) porter

только что привезенного из Москвы, и сам раскутился до того,
only that brought in from Moscow and himself unfolded until that
just made merry

что щеки у него сделались малиновые и он все смеялся
that (the) cheeks with him turned into raspberry-colored and he all laughed

каким-то не то детским, не то нервическим смехом.
(in) some not then children's not then nervous laughter

Всеобщее одушевление распространилось и на прислугу. Дуняша
(The) general animation spread also to (the) servants Dunyasha

бегала взад и вперед как угорелая и то и дело хлопала
ran backwards and forward like crazy and this and did banged
now then

дверями; а Петр даже в третьем часу ночи все еще пытался
(the) doors and Peter even in (the) third hour (of the) night all still tried

сыграть на гитаре вальс-казак. Струны жалобно и приятно звучали
to play on (the) guitar (a) cossack waltz Strings sorrowful and pleasant sounded

в неподвижном воздухе, но, за исключением небольшой первоначальной
in (the) unmoving air but for exception (of the) small initial
the still

фиоритуры, ничего не выходило у образованного камердинера:
fioritures nothing not went out from (the) educated (the) valet

природа отказала ему в музыкальной способности, как и во всех
nature refused to him in musical abilities as also in all

других.
others

А между тем жизнь не слишком красиво складывалась в Марьине,
And between that life not too beautifully evolved in Marina

и бедному Николаю Петровичу приходилось плохо. Хлопоты по
and poor Nikolai Petrovoch arrived himself (something) bad Troubles on

ферме росли с каждым днем — хлопоты безотрадные, бестолковые.
(the) farm grew with every day – troubles bleak foolish

Возня с наемными работниками становилась невыносимою. Одни
Fiddling with hired workers became unbearable Some

требовали расчета или прибавки, другие уходили, забравши задаток;
demanded discharge or increases others went out having taken (a) deposit
pay raises

лошади заболевали; сбруя горела как на огне; работы исполнялись
horses fell ill horse tack burned like on fire. work was performed
they burned through

небрежно;	выписанная	из	Москвы	молотильная	машина	оказалась
carelessly	(the) ordered	from	Moscow	threshing	machine	turned out to be

негодною	по	своей	тяжести;	другую	с	первого	разу	испортили;
worthless	on	its	weight	(the) other	with	(the) first	time	(they) ruined
		account of its					use	

половина	скотного	двора	сгорела,	оттого	что	слепая	старуха	из
half	(the) livestock	(of the) yard	burned	from-this	that	(a) blind	old woman	from

дворовых	в	ветреную	погоду	пошла	с	головешкой	окуривать	свою
(the) yard (people)	in	windy	weather	went	with	(a) firestick	to fumigate	her

корову...	правда,	по	уверению	той	же	старухи,	вся	беда
cow	true	on	assurance	of that	then	old woman	entire	misfortune

произошла	оттого,	что	барину	вздумалось	заводить	какие-то	небывалые
occurred	therefore	that	(the) lord	himself fancy	to acquire	some	newfangled

сыры	и	молочные	скопы.	Управляющий	вдруг	обленился	и	даже
cheeses	and	dairy	products	Managing (person)	suddenly	grew lazy	and	even
				The steward				

начал	толстеть,	как	толстеет	всякий	русский	человек,	попавший	на
began	to get fat	like	fattens	every	russian	man	caught	on

«вольные	хлеба».
freebies	of bread

Завидя	издали	Николая	Петровича,	он,	чтобы	заявить	свое
Seeing	from a distance	Nicholas	Petrovich	he	in order to	declare	his

рвение,	бросал	щепкой	в	пробегавшего	мимо	поросенка	или
zeal	threw	(a) chip (of wood)	to	(a) running past	by	piglet	or

грозился	полунагому	мальчишке,	а	впрочем,	больше	все	спал.
threatened	(a) half naked	boy	and	however	more	(than) all	slept

Посаженные	на	оброк	мужики	не	взносили	денег	в	срок,	крали
Planted	on	levy	(the) farmers	not	contributed	money	in	(a) term	stole

лес;	почти	каждую	ночь	сторожа	ловили,	а	иногда	с
(the) forest	almost	each	night	(the) watchman	caught (them)	and	sometimes	with
timber								

бою	забирали	крестьянских	лошадей	на	лугах	«фермы».
battle	(they) took away	(a) peasant	horses	on	(the) meadows	(of the) farms

Николай	Петрович	определил	было	денежный	штраф	за	потраву,	но
Nikolai	Petrovitch	determined	was	(a) monetary	fine	for	(the) grazing	but
			had					

дело обыкновенно кончалось тем, что, постояв день или два на
(the) matter usually itself ended with this that having stood day or two on

господском корме, лошади возвращались к своим владельцам.
lordly fodder (the) horses returned to their owners

К довершению всего, мужики начали между собою ссориться:
To topping all (the) farmers began between themselves to quarrel

братья требовали раздела, жены их не могли ужиться в одном
brothers demanded divisions (of earnings) wives (of) them not could get along in one

доме; внезапно закипала драка, и все вдруг поднималось на
house suddenly boiled (a) brawl and everyone suddenly went up on

ноги, как по команде, все сбегалось перед крылечко конторы, лезло
(the) legs like on command all flocked before (the) porch (of the) office climbed

к барину, часто с избитыми рожами, в пьяном виде, и требовало
to (the) master often with battered faces in drunk form and demanded

суда и расправы; возникал шум, вопль, бабий хныкающий визг
court and reprisals arose noise screams woman's whimpering screeches

вперемежку с мужскою бранью. Нужно было разбирать враждующие
intermingled with masculine profanity Necessary was to part (the) warring

стороны, кричать самому до хрипоты, зная наперед, что к
sides to shout himself to hoarseness knowing in-advance that to

правильному решению все-таки прийти невозможно.
(a) just decision all-so nonetheless to come (was) impossible

Не хватало рук для жатвы: соседний однодворец, с самым
Not was enough there were enough hands for harvest (The) adjacent single-courtyard freeholder with (the) most

благообразным лицом, порядился доставить жнецов по два рубля с
auspicious face get himself set up to deliver harvesters for two rubles per

десятины и надул самым бессовестным образом; свои бабы
2.7 acres and cheated (by the) most unscrupulous means his women

заламывали цены неслыханные, а хлеб между тем осыпался, а
pawed prices unheard of and bread between that the grain meanwhile was rained down and

тут с косьбой не совладели, а тут Опекунский совет грозится и
here with mowing not (they) managed but here Custodial advice threatens and

требует немедленной и безнедоимочной уплаты процентов...
demands immediate and unsubsidized payment (of) percentages (due)

— Сил моих нет! — не раз с отчаянием восклицал Николай
— Forces mine not — not once with desperation exclaimed Nikolai
I can do nothing

Петрович. — Самому драться невозможно, посылать за становым — не
Petrovitch — Himself to fight impossible to send for (a) foreman — not

позволяют принципы, а без страха наказания ничего не
(they) allow (his) principles and without fear (of) punishment nothing not

поделаешь!
(you) do

— Du calme, du calme, — замечал на это Павел Петрович, а
— Of the calme of the calme — remarked at this Pavel Petrovitch and
(French)

сам мурлыкал, хмурился и подергивал усы.
himself purred frowned and twitched (the) moustaches
hummed

Базаров держался в отдалении от этих «дрязгов», да ему, как гостю,
Bazarov kept himself in distance from these brawls yes to him as (a) guest

не приходилось и вмешиваться в чужие дела. На другой день
not arrived also to mix himself in strangers' business On (the) next day

после приезда в Марьино он принялся за своих лягушек, за
after (the) visit in Marina he started for his frogs for

инфузории, за химические составы и все возился с ними.
infusoria for chemical compositions and all fiddled with them

Аркадий, напротив, почел своею обязанностью, если не помогать
Arkady on (the) contrary considered (it) his duty if not to help

отцу, то, по крайней мере, показать вид, что он готов ему
(the) father then on extreme measure to show (a) view that he (was) ready to him
at least

помочь. Он терпеливо его выслушивал и однажды подал какой-то
help He patiently him listened to and once gave some

совет не для того, чтобы ему последовали, а чтобы заявить
advice not for that in order that to him (they) followed (it up) but in order to declare

свое участие. Хозяйничанье не возбуждало в нем отвращения: он
his participation Housekeeping not excited in him disgust he

даже с удовольствием мечтал об агрономической деятельности, но
even with pleasure dreamed about agronomic activities but

у него в ту пору другие мысли зароились в голове.
with him in that moment other thoughts germinated in (the) head

Аркадий, к собственному изумлению, беспрестанно думал о
Arkady to his own consternation incessantly thought about

Никольском; прежде он бы только плечами пожал, если бы
Nikolsky (Odinetsova's place) before he would only (the) shoulders shook if would

кто-нибудь сказал ему, что он может соскучиться под одним кровом
somebody said to him that he can bore himself under one roof

с Базаровым, — и еще под каким! — под родительским кровом,
with Bazarov — and still under what (roof)! — under (his) parental roof

а ему точно было скучно, и тянуло его вон. Он вздумал гулять
and to him exactly was boring and pulled him out elsewhere He decided to walk

до усталости, но и это не помогло.
until fatigue but also this not helped

Разговаривая однажды с отцом, он узнал, что у Николая
Talking once with (the) father he learned that with Nicholas

Петровича находилось несколько писем, довольно интересных, писанных
Petrovich found itself several letters rather interesting written

некогда матерью Одинцовой к покойной его жене, и не отстал
once (to the) mother (of) Odinetsov to deceased his wife and not delayed

от него до тех пор, пока не получил этих писем, за которыми
from him until those times while not obtained these letters for which

Николай Петрович принужден был рыться в двадцати различных
Nikolai Petrovitch constrained was to rummage in twenty different

ящиках и сундуках. Вступив в обладание этими полуистлевшими
boxes and chests In-stepping in possession (with) these dilapidated

бумажками, Аркадий как будто успокоился, точно он увидел перед
papers Arkady as if got calmer as if he saw before

собою цель, к которой ему следовало идти. «Я вам это обоим
himself purpose to which to him (it) followed to go I to you this both

говорю, — беспрестанно шептал он, — сама прибавила. Поеду, поеду,
say — incessantly whispered he — himself added (I) will go (I) will go

черт возьми!» Но он вспоминал последнее посещение, холодный
(the) devil take it But he recalled (the) last visit (the) cold

прием и прежнюю неловкость, и робость овладевала им. «Авось»
reception and earlier discomfort and timidity possessed him Willy-nilly

молодости, тайное желание изведать свое счастие, испытать свои
(of) youth (a) secret desire to get to know his happiness to try out his

силы в одиночку, без чьего бы то ни было покровительства —
strength in alone without which would then not was patronage —
by himself

одолели наконец.
overcame finally

Десяти дней не прошло со времени его возвращения в Марьино,
Ten days not passed with (the) time (of) his return in Marina

как уже он опять, под предлогом изучения механизма воскресных
as already he again under pretext (of) studies (of) mechanisms (of) Sunday

школ, скакал в город, а оттуда в Никольское. Беспрерывно погоняя
schools galloped in (the) city and from there in Nikolskoye Continuously chasing
urging on

ямщика, несся он туда, как молодой офицер на сраженье: и
(the) coachman carried he there like (a) young officer on battle and

страшно ему было, и весело, нетерпение его душило. «Главное
scary to him was and happiness impatience him strangled the main thing is

— не надо думать», — твердил он самому себе. Ямщик
— not necessary to think — said he by himself himself (The) coachman

ему попался лихой; он останавливался перед каждым кабаком,
to him fell himself (was) daring he stopped himself before every tavern
who to him was allotted was a rascal

приговаривая: «Чкнуть?» или: «Аль чкнуть?» — но зато, чкнувши, не
while saying Get something? or Ale to get? — but instead tshknoving not
asking

жалел лошадей.
pitied (the) horses

Вот наконец показалась высокая крыша знакомого дома... «Что я
Here finally showed (the) tall roof familiar (of the) house What I

делаю? — мелькнуло вдруг в голове Аркадия. — Да ведь не

do — flashed suddenly in (the) head (of) Arkady — Yes indeed not

вернуться же!» Тройка дружно мчалась; ямщик гикал

to return same (The) troika amicably raced (the) coachman tongue-clicked

The three horse span

и свистал. Вот уже мостик загремел под копытами и колесами,

and whistled Here already (the) bridge rattled under (the) hooves and (the) wheels

вот уже надвинулась аллея стриженых елок... Розовое женское

here already moved in (an) alley (with) sheared spruce trees (A) pink woman's

платье мелькнуло в темной зелени, молодое лицо выглянуло из-под

dress flashed in (the) dark green (a) young face looked out from under

легкой бахромы зонтика... Он узнал Катю, и она его узнала.

(the) light fringes (of an) umbrella He recognized Katya and she him recognized

Аркадий приказал ямщику остановить расскакавшихся лошадей,

Arkady ordered (the) coachman to stop (the) galloping horses

выпрыгнул из экипажа и подошел к ней. «Это вы! — промолвила

jumped out from (the) carriage and approached to her This you — said

она, и понемножку вся покраснела, — пойдемте к сестре, она

she and little by little entirely reddened — let's go to (the) sister she

тут, в саду; ей будет приятно вас видеть».

(is) here in (the) garden her will be pleasant you to see

Катя повела Аркадия в сад. Встреча с нею показалась ему

Katya led Arkady in (the) garden Meeting with her seemed to him

особенно счастливым предзнаменованием; он обрадовался ей,

(an) especially happy omen he rejoiced himself (with) her

словно родной. Все так отлично устроилось: ни дворецкого, ни

as if family All so very well was arranged not (a) butler not

доклада. На повороте дорожки он увидел Анну Сергеевну. Она

report On turning (the) paths he saw Anna Sergeyevna She

a formal announcement

стояла к нему спиной. Услышав шаги, она тихонько обернулась.

stood to him (with the) back Having heard steps she silently turned herself

Аркадий смутился было снова, но первые слова, ею

Arkady confused himself was again but (the) first words (by) her

произнесенные, успокоили его тотчас. «Здравствуйте, беглец!» —
uttered soothed him immediately Greetings fugitive —

проговорила она своим ровным, ласковым голосом и пошла к нему
spoke she (with) her even affectionate voice and went to him

навстречу, улыбаясь и щурясь от солнца и ветра: «Где ты его
towards smiling and squinting from (the) sun and (of the) wind Where you him

нашла, Катя?»
found Katya

— Я вам, Анна Сергеевна, — начал он, — привез нечто такое, чего
— I to you Anna Sergeyevna — began he — brought not-what some such what

вы никак не ожидаете...
you in no way not expect

— Вы себя привезли; это лучше всего.
— You yourself brought this better all

XXIII
Chapter 23

Проводив Аркадия с насмешливым сожалением и дав ему
Having seen off Arkady with derisive regret and long ago to him

понять, что он нисколько не обманывается насчет настоящей цели
to understand that he not a bit not was deceived about (the) real goal
understanding

его поездки, Базаров уединился окончательно: на него нашла
(of) his visit Bazarov secluded himself definitively on him found

лихорадка работы. С Павлом Петровичем он уже не спорил, тем
(the) fever (of) work With Pavel Petrovich he already not argued that

более что тот в его присутствии принимал чересчур аристократический
more that that in his presence would receive overly aristocratic

вид и выражал свои мнения более звуками, чем словами. Только
view and expressed his opinion (with) more sounds than words Only

однажды Павел Петрович пустился было в состязание с нигилистом
once Pavel Petrovitch set out was in competition with (the) nihilist

по поводу модного в то время вопроса о правах остзейских
on occasion fashionable in that time question about (the) rights (of the) baltic

дворян, но сам вдруг остановился, промолвив с холодною
nobles but himself suddenly stopped having said with cold

вежливостью:
politeness

— Впрочем, мы друг друга понять не можем; я,
— However we friend (the) other understand not can I
each other

по крайней мере, не имею чести вас понимать.
on extreme measure not have (the) honor you to understand
at least

— Еще бы! — воскликнул Базаров. — Человек все в состоянии
— Still would — exclaimed Bazarov — Man all in state

понять — и как трепещет эфир, и что на солнце происходит;
to understand — and how trembles (the) ether and what on (the) sun goes on

а как другой человек может иначе сморкаться, чем он сам
and as another man can otherwise blow his nose what he himself

сморкается, этого он понять не в состоянии.
blows this he to understand (is) not in state

— Что, это остроумно? — проговорил вопросительно Павел Петрович и
— What this wittily — spoke questioningly Pavel Petrovitch and

отошел в сторону.
moved away in side

Впрочем, он иногда просил позволения присутствовать при опытах
However he sometimes asked (the) permission to be present with experiments

Базарова, а раз даже приблизил свое раздушенное и вымытое
(of) Bazarov and once even approximated his inflated and washed

отличным снадобьем лицо к микроскопу, для того чтобы посмотреть,
excellent potion face to (the) microscope for that in order to see

как прозрачная инфузория глотала зеленую пылинку и
how (the) transparent infusoria (tiny aquatic creature) swallowed (the) green speck of dust and

хлопотливо пережевывала ее какими-то очень проворными кулачками,
eagerly chewed her with somehow very nimble fists

находившимися у ней в горле. Гораздо чаще своего брата
who were with her in (the) throat Much more often (than) his brother

посещал Базарова Николай Петрович; он бы каждый день приходил,
attended Bazarov Nikolai Petrovitch he would every day came have come

как он выражался, «учиться», если бы хлопоты по хозяйству не
as he expressed to learn if would (the) troubles on (the) farm not

отвлекали его. Он не стеснял молодого естествоиспытателя:
distracted him He not hindered (the) young naturalist

садился где-нибудь в уголок комнаты и глядел внимательно,
(he) sat down himself somewhere in (a) corner (of the) room and looked attentively

изредка позволяя себе осторожный вопрос. Во время обедов и
occasionally allowing himself (a) careful question In time (of) lunch and

ужинов он старался направлять речь на физику, геологию или
dinner he tried to guide (the) talk on physics geology or

химию, так как все другие предметы, даже хозяйственные, не говоря
chemistry so as all other objects even household (ones) not talking

уже о политических, могли повести если не к столкновениям,
already about political (issues) (they) could lead if not to collisions

то ко взаимному неудовольствию.
then to mutual displeasure

Николай Петрович догадывался, что ненависть его брата к Базарову
Nikolai Petrovitch surmised that (the) hatred (of) his brother to Bazarov

нисколько не уменьшилась. Неважный случай, между многими
not a bit not diminished (An) unimportant event between many

другими, подтвердил его догадки. Холера стала появляться кое-где по
others confirmed his guesses Cholera started to appear somewhere on

окрестностям и даже «выдернула» двух людей из самого Марьина.
neighborhoods and even pulled out two people from (the) very Marina
the surroundings killed

Ночью с Павлом Петровичем случился довольно сильный припадок.
At night with Pavel Petrovich happened (a) rather strong seizure
attack of cholera

Он промучился до утра, но не прибег к искусству Базарова и,
He agonized until morning but not resorted to (the) art (of) Bazarov and

увидевшись с ним на следующий день, на его вопрос: «Зачем он не
having seen with him on (the) following day to him question Why he not

послал за ним?» — отвечал, весь еще бледный, но уже тщательно
sent for him — answered all still pale but already thoroughly

расчесанный и выбритый: «Ведь вы, помнится, сами говорили, что
combed and shaved Because you remember yourself said that

не верите в медицину?» Так проходили дни. Базаров работал
not (you) believe in medicine So went by (the) days Bazarov worked

упорно и угрюмо... А между тем в доме Николая Петровича
stubbornly and sullenly And between that in (the) house (of) Nicholas Petrovich

находилось существо, с которым он не то чтобы отводил душу,
was (a) being with which he not then in order to diverted (the) spirit
divert

а охотно беседовал... Это существо была Фенечка.
but willingly chatted This being was Fenechka

Он встречался с ней большею частью по утрам, рано, в
He met with her (for the) largest part at (the) mornings early in

саду или на дворе; в комнату к ней он не захаживал, и она
(the) garden or in (the) yard in (the) room to her he not dropped by and she

всего раз подошла к его двери, чтобы спросить его — купать
all (the) time came up to his door in order to ask him – bathe

ли ей Митю или нет? Она не только доверялась ему, не только
whether her Mitya or not She not only trusted him not only

его не боялась, она при нем держалась вольнее и развязнее, чем
him not feared she with him behaved herself freer and perter than

при самом Николае Петровиче. Трудно сказать, отчего это происходило;
with (the) very Nikolaj Petrovich Difficult to say why this happened

может быть, оттого, что она бессознательно чувствовала в Базарове
can be that is why that she unconsciously felt in Bazarov's

отсутствие всего дворянского, всего того высшего, что и привлекает
absence all noble all that higher that both attracts

и пугает. В ее глазах он и доктор был отличный, и человек
and frightens In her eyes he both (a) doctor was wonderful and (a) man

простой. Не стесняясь его присутствием, она возилась с своим
ordinary Not embarrassed his presence she fiddled with her

ребенком, и однажды, когда у ней вдруг закружилась и заболела
child and once when with her suddenly whirled and fell ill

голова, из его рук приняла ложку лекарства.
(the) head from his hands took (a) spoon (of) medicine

При Николае Петровиче она как будто чуждалась Базарова: она
With Nikolaj Petrovich she as if (she) kept herself aloof (of) Bazarov she

это делала не из хитрости, а из какого-то чувства приличия.
this did not from schemes but from some-then feeling (of) decency
to scheme

Павла Петровича она боялась больше, чем когда-либо; он с
(Of) Pavel Petrovich she was afraid more with what ever he from
than

некоторых пор стал наблюдать за нею и неожиданно появлялся,
some times started to observe for her and unexpectedly appeared

словно из земли вырастал за ее спиною в своем сьюте, с
as if from (of) earth grew behind her back in her suite with

неподвижным зорким лицом и руками в карманах. «Так тебя
unmoving sharp face and (his) hands in (the) pockets So you

холодом и обдаст», — жаловалась Фенечка Дуняше, а та в
(got a) cold and get spooned – complained to Fenechka Dunyasha and that one in

ответ ей вздыхала и думала о другом «бесчувственном» человеке.
answer her sighed and thought about (the) other insensitive man

Базаров, сам того не подозревая, сделался жестоким тираном ее
Bazarov himself that not suspecting became (a) brutal tyrant (of) her

души.
soul

Фенечке нравился Базаров; но и она ему нравилась. Даже лицо
To Fenechka pleased Bazarov but also she to him pleased Even (the) face

его изменялось, когда он с ней разговаривал: оно принимало
him changed when he with her talked it assumed

выражение ясное, почти доброе, и к обычной его небрежности
(an) expression clear almost good and to (the) usual his nonchalance

примешивалась какая-то шутливая внимательность. Фенечка хорошела
interfered some humorous attentiveness Fenechka was getting better

с каждым днем. Бывает эпоха в жизни молодых женщин, когда
with every day (There) happens (an) era in (the) life (of) young women when
a time

они вдруг начинают расцветать и распускаться, как летние розы;
they suddenly begin to bloom and to blossom like (a) summer rose

такая эпоха наступила для Фенечки. Все к тому способствовало,
such era began for Fenechka Everything to that aided
a time

даже июльский зной, который стоял тогда. Одетая в легкое белое
even (the) July heat which stood then Dressed in (a) simple white
endured

платье, она сама казалась белее и легче: загар не приставал к ней,
dress she herself seemed whiter and easier (a) tan not molested to her
sunburn

а жара, от которой она не могла уберечься, слегка румянила ее
and (the) heat from which she not could escape slightly blushed her

щеки да уши и, вливая тихую лень во все ее тело, отражалась
cheeks yes (the) ears and infusing (a) quiet sloth in all her body reflected

дремотною томностью в ее хорошеньких глазках. Она почти не могла
drowsy languor in her pretty eyes She almost not could

работать; руки у ней так и скользили на колени. Она едва
work (the) hands with her so and slid on (the) knees She hardly

ходила и все охала да жаловалась с забавным бессилием.
went and all groaned yes complained with amusing impotence

— Ты бы чаще купалась, — говорил ей Николай Петрович.
— You would more often bathed — said her Nikolai Petrovitch

Он устроил большую, полотном покрытую, купальню в том из своих
He built (a) big cloth covered bathhouse in that of their

прудов, который еще не совсем ушел.
ponds which still not entirely went out
dried up

— Ох, Николай Петрович! Да пока до пруда дойдешь — умрешь,
— Oh Nikolai Petrovitch Yes while to pond (you) go to — (you) die (from heat)

и назад пойдешь — умрешь. Ведь тени-то в саду нету.
and (when) back (you) go — (you) die Indeed shade-then in (the) garden is not there

— Это точно, что тени нету, — отвечал Николай Петрович и
— This as if that shade is not there — answered Nikolai Petrovitch and

потирал себе брови.
rubbed himself (the) eyebrows

Однажды, часу в седьмом утра, Базаров, возвращаясь с прогулки,
Once hour in seventh morning Bazarov returning from (a) walk

застал в давно отцветшей, но еще густой и зеленой сиреневой
caught in (the) long ago bloomed but still dense and green lilac
found

беседке Фенечку. Она сидела на скамейке, накинув, по обыкновению,
gazebo Fenechka She sat on (the) little bench. tipping on as usual

белый платок на голову; подле нее лежал целый пук еще
(the) white shawl on (the) head underneath her was lying (a) whole bunch still

мокрых от росы красных и белых роз. Он поздоровался с нею.
wet from dew red and white roses He greeted himself with her

— А! Евгений Васильич! — проговорила она и приподняла немного
— Ah Eugene Vasilich — spoke she and lifted a little

край платка, чтобы взглянуть на него, причем ее рука обнажилась
(the) edge (of the) shawl in order to glance at him by which her arm exposed itself

до локтя.
to (the) elbow

— Что вы это тут делаете? — промолвил Базаров, садясь возле
— What you this here do — uttered Bazarov sitting down near

нее. — Букет вяжете?
her — (a) bouquet knit
gather

— Да; на стол к завтраку. Николай Петрович это любит.
— Yes on (the) table for breakfast Nikolai Petrovitch this loves

— Но до завтрака еще далеко. Экая пропасть цветов!
— But until breakfast still far See will go bad (the) flowers

— Я их теперь нарвала, а то станет жарко и выйти нельзя.
— I them now picked and then begins (the) heat and to go out impossible

Только теперь и дышишь. Совсем я расслабела от этого жару.
Only now also (you) breathe Entirely I weakened from this heat

Уж я боюсь, не заболею ли я?
Already I am afraid not fall ill maybe I

— Это что за фантазия! Дайте-ка ваш пульс пощупать. — Базаров взял
— This what for fantasy Let please your pulse feel — Bazarov took

ее руку, отыскал ровно бившуюся жилку и даже не стал считать
her (the) hand found even beating vein and even not started to count

ее ударов. — Сто лет проживете, — промолвил он, выпуская ее
her beats — Hundred years (you will) live — uttered he releasing her

руку.
hand

— Ах, сохрани Бог! — воскликнула она.
— Ah beware God — exclaimed she

— А что? Разве вам не хочется долго пожить?
— And what Perhaps to you not want yourself long to live

— Да ведь сто лет! У нас бабушка была восьмидесяти пяти
— Yes indeed (a) hundred years With us grandmother was eighty five

лет — так уж что же это была за мученица! Черная, глухая,
years — so already what then this was for martyr (A) black deaf

горбатая, все кашляла; себе только в тягость. Какая уж это жизнь!
humpback all coughed herself only in burden What already this life

— Так лучше быть молодою?
— So better be young

— А то как же?
— But this how then

— Да чем же оно лучше? Скажите мне!
— Yes what then it better Say to me

— Как чем? Да вот я теперь, молодая, все могу сделать — и пойду,
— As what Yes here I now young all can do — and will go

и приду, и принесу, и никого мне просить не нужно... Чего
and will come and bring and no one to me to ask not necessary What

лучше?
better

— А вот мне все равно: молод ли я или стар.
— And here to me all (the) same young whether I or old

— Как это вы говорите — все равно? это невозможно, что вы
— How this you speak — all (the) same this impossible what you

говорите.
say

— Да вы сами посудите, Федосья Николаевна, на что мне моя
— Yes you yourself will judge Fedosia Nikolayevna on what to me my

молодость? Живу я один, бобылем...
youth Live I alone like a hobo

— Это от вас всегда зависит.
— This from you (yourself) always depends

— То-то что не от меня! Хоть бы кто-нибудь надо мною
— This-this what not from me Might as well would somebody necessary me

сжалился.
took pity

Фенечка сбоку посмотрела на Базарова, но ничего не сказала.
Fenechka from the side looked at Bazarov but nothing not said

— Это что у вас за книга? — спросила она, погодя не много.
— This what with you for book — asked she later not much

— Эта-то? Это ученая книга, мудреная.
— This one This (an) academic book intricate

— А вы все учитесь? И не скучно вам? Вы уж и так, я чай,
— And you all study And not boring to you You already and so I hope

все знаете.
everything know

— Видно, не все. Попробуйте-ка вы прочесть немного.
— Visibly not everything Try this you to read a little
Obviously

— Да я ничего тут не пойму. Она у вас русская? — спросила
— Yes I nothing here not will understand She with you Russian — asked

Фенечка, принимая в обе руки тяжело переплетенный том. — Какая
Fenechka receiving in both hands (the) heavily bound tome — How

толстая!
thick

— Русская.
— Russian

— Все равно я ничего не пойму.
— All (the) same I nothing not will understand

— Да я и не с тем, чтобы вы поняли. Мне хочется
— Yes I also not with that in order that you understood To me wants

посмотреть на вас, как вы читать будете. У вас, когда вы читаете,
to look at you how you read will be With you when you read

кончик носика очень мило двигается.
(the) tip (of the) little nose very sweet moves

Фенечка, которая принялась было разбирать вполголоса попавшуюся
Fenechka who started was to pick out in half voice falling itself
in a low voice randomly located

ей статью «о креозоте», засмеялась и бросила книгу... она
(by) her article about creosote started laughing and threw (the) book she

скользнула со скамейки на землю.
slipped from (the) little bench on (the) ground

— Я люблю тоже, когда вы смеетесь, — промолвил Базаров.
— I love also when you laugh — uttered Bazarov

— Полноте!
— Enough

— Я люблю, когда вы говорите. Точно ручеек журчит.
— I love when you speak As if (a) brook murmurs

Фенечка отворотила голову.
Fenechka turned away (the) head

— Какой вы! — промолвила она, перебирая пальцами по цветам.
— What you — said she going over (with her) fingers over (the) flowers

— И что вам меня слушать? Вы с такими умными дамами
— And what to you me to listen to You with such wise ladies

разговор имели.
conversation had

— Эх, Федосья Николаевна! поверьте мне: все умные дамы на
— Ah Fedosia Nikolayevna please believe to me all smart ladies on

свете не стоят вашего локотка.
(the) world not stand (up to) your elbow

— Ну, вот еще что выдумали! — шепнула Фенечка и поджала
— Well here still that thought up — whispered Fenechka and pressed

руки.
(the) hands

Базаров поднял с земли книгу.
Bazarov raised from (the) ground (the) book

— Это лекарская книга, зачем вы ее бросаете?
— This (is a) medicinal book why you her threw

— Лекарская? — повторила Фенечка и повернулась к нему. — А
— Medicinal — repeated Fenechka and turned to him — And

знаете что? Ведь с тех пор, как вы мне те капельки дали,
know what Indeed from those times how you to me those droplets gave

помните? уж как Митя спит хорошо! Я уж и не придумаю,
(do you) remember already as Mitya sleeps good I already and not think up

как мне вас благодарить; такой вы добрый, право.
how to me you thank so you good right
you're so good

— А по-настоящему, надо лекарям платить, — заметил с
— And for real necessary doctors to pay — noted with

усмешкой Базаров. — Лекаря, вы сами знаете, люди корыстные.
(a) grin Bazarov — Doctors you yourself know people self-serving

Фенечка подняла на Базарова свои глаза, казавшиеся еще темнее от
Fenechka raised on Bazarov her eyes seeming even darker from

беловатого отблеска, падавшего на верхнюю часть ее лица. Она не
(the) whitish glow falling on (the) upper part (of) her face She not

знала — шутит ли он или нет.
knew — jokes whether he or not

— Если вам угодно, мы с удовольствием... Надо будет у
— If to you is convenient we with pleasure Necessary will be with

Николая Петровича спросить...
Nicholas Petrovich to ask

— Да вы думаете, я денег хочу? — перебил ее Базаров. — Нет, мне
— Yes you think I money want — interrupted her Bazarov — No to me

от вас не деньги нужны.
from you not money is needed

— Что же? — проговорила Фенечка.
— What then — spoke Fenechka

— Что? — повторил Базаров. — Угадайте.
— What — repeated Bazarov — Guess

— Что я за отгадчица!
— What I for guesser

— Так я вам скажу; мне нужно... одну из этих роз.
— So I to you will tell to me necessary one of these roses

Фенечка опять засмеялась и даже руками всплеснула — до того ей
Fenechka again started laughing and even (her) arms threw out — to that her

показалось забавным желание Базарова. Она смеялась и в то же
(it) seemed amusing (the) desire (of) Bazarov She laughed and in that same

время чувствовала себя польщенною. Базаров пристально смотрел на
time felt herself flattered Bazarov fixedly looked at

нее.
her

— Извольте, извольте, — промолвила она наконец и, нагнувшись к
— Be so kind as be so kind as — said she finally and bent over to

скамейке, принялась перебирать розы. — Какую вам, красную или
(the) bench started to pick over (the) roses — Which to you red or

белую?
white

— Красную, и не слишком большую.
— Red and not too big

Она выпрямилась.
She straightened

— Вот, возьмите, — сказала она, но тотчас же отдернула
— Here take (it) — said she but immediately then yanked away

протянутую руку и, закусив губы, глянула на вход беседки,
(the) outstretched hand and biting (the) lips cast a look at (the) entrance (of the) gazebo

потом приникла ухом.
then leaned in listened with (the) ear

— Что такое? — спросил Базаров. — Николай Петрович?
— What such What's the matter — asked Bazarov — Nikolai Petrovitch

— Нет... Они в поле уехали... да я и не боюсь их... а вот
— No They in (the) field left yes I also not am afraid (of) them but here

Павел Петрович... Мне показалось...
Pavel Petrovitch To me (it) seemed

— Что?
— What

— Мне показалось, что они тут ходят. Нет... никого нет. Возьмите. —
— To me (it) seemed that they here go No no one not Take (it) —

Фенечка отдала Базарову розу.
Fenechka gave Bazarov (the) rose

— С какой стати вы Павла Петровича боитесь?
— With what stand you Pavel Petrovich fear
For reason

— Они меня все пугают. Говорить — не говорят, а так смотрят
— They me all frighten To talk — not (they) talk and so (they) look

мудрено. Да ведь и вы его не любите. Помните, прежде вы
wise Yes indeed and you him not love (Do you) remember before you

все с ним спорили. Я и не знаю, о чем у вас спор идет;
all with him argued I also not know about what with you dispute goes

и вижу, что вы его и так вертите, и так...
and see that you him also so twirl and so

Фенечка показала руками как, по ее мнению, Базаров вертел Павла
Fenechka showed (her) arms as on her opinion Bazarov spun Pavel

Петровича.
Petrovich

Базаров улыбнулся.
Bazarov smiled

— А если б он меня побеждать стал, — спросил он, — вы бы
— And if would he me to win started — asked he — you would

за меня заступились?
for me interceded

— Где ж мне за вас заступаться? да нет, с вами не сладишь.
— Where then to me for you intercede yes no with you not manage

— Вы думаете? А я знаю руку, которая захочет, и пальцем
— You think And I know (the) hand which (it) wants and (with the) finger

меня сшибет.
me knock down

— Какая такая рука?
— What such hand

— А вы небось не знаете? Понюхайте, как славно пахнет роза,
— And you (I) suppose not know Sniff how nice smells (the) rose

что вы мне дали.
that you to me gave

Фенечка вытянула шейку и приблизила лицо к цветку... Платок
Fenechka stretched out (the) neck and approached (her) face to (the) flower (The) shawl

скатился с ее головы на плеча; показалась мягкая масса черных,
rolled from her head on (the) shoulder showed itself (the) soft mass (of) black

блестящих, слегка растрепанных волос.
shiny slightly disheveled hair

— Постойте, я хочу понюхать с вами, — промолвил Базаров,
— Wait I want to smell with you — uttered Bazarov

нагнулся и крепко поцеловал ее в раскрытые губы.
bent himself and strongly kissed her in (the) opened lips

Она дрогнула, уперлась обеими руками в его грудь, но уперлась
She trembled pressed (with) both arms in his chest but pressed

слабо, и он мог возобновить и продлить свой поцелуй.
weakly and he could renew and extend his kiss

Сухой кашель раздался за сиренями. Фенечка мгновенно отодвинулась
(A) dry cough rang out behind (the) lilacs Fenechka instantly moved away

на другой конец скамейки. Павел Петрович показался, слегка
to (the) other end (of the) little bench Pavel Petrovitch appeared slightly

поклонился и, проговорив с какою-то злобною унылостью: «Вы
bowed and uttering with some vicious dullness you

здесь», — удалился. Фенечка тотчас подобрала все розы и
here — distanced himself Fenechka immediately picked up all roses and

вышла вон из беседки. «Грешно вам, Евгений Васильевич», —
left there from (the) gazebo Sinful to you Eugene Vasilyevich —

шепнула она, уходя. Неподдельный упрек слышался в ее шепоте.
whispered she departing Genuine reproach was heard in her whisper

Базаров вспомнил другую недавнюю сцену, и совестно ему стало,
Bazarov recalled (the) other recent scene and embarrassing to him became

и презрительно досадно. Но он тотчас же встряхнул головой,
and contemptuously annoying But he immediately then shook (with the) head

иронически поздравил себя «с формальным поступлением в
ironically congratulated himself with formal enrollment in

селадоны» и отправился к себе в комнату.
celadons and directed himself to himself in (the) room

А Павел Петрович вышел из саду и, медленно шагая, добрался
And Pavel Petrovitch left from (the) garden and slowly treading reached

до леса. Он остался там довольно долго, и когда он вернулся к
to (the) forest He stayed there rather long and when he returned to

завтраку, Николай Петрович заботливо спросил у него, здоров ли
breakfast Nikolai Petrovitch carefully asked with him healthy whether

он? до того лицо его потемнело.
he to that face him darkened

— Ты знаешь, я иногда страдаю разлитием желчи, — спокойно
— You know I sometimes suffer spillage (of) bile — calmly

отвечал ему Павел Петрович.
answered to him Pavel Petrovitch

XXIV

Chapter 24

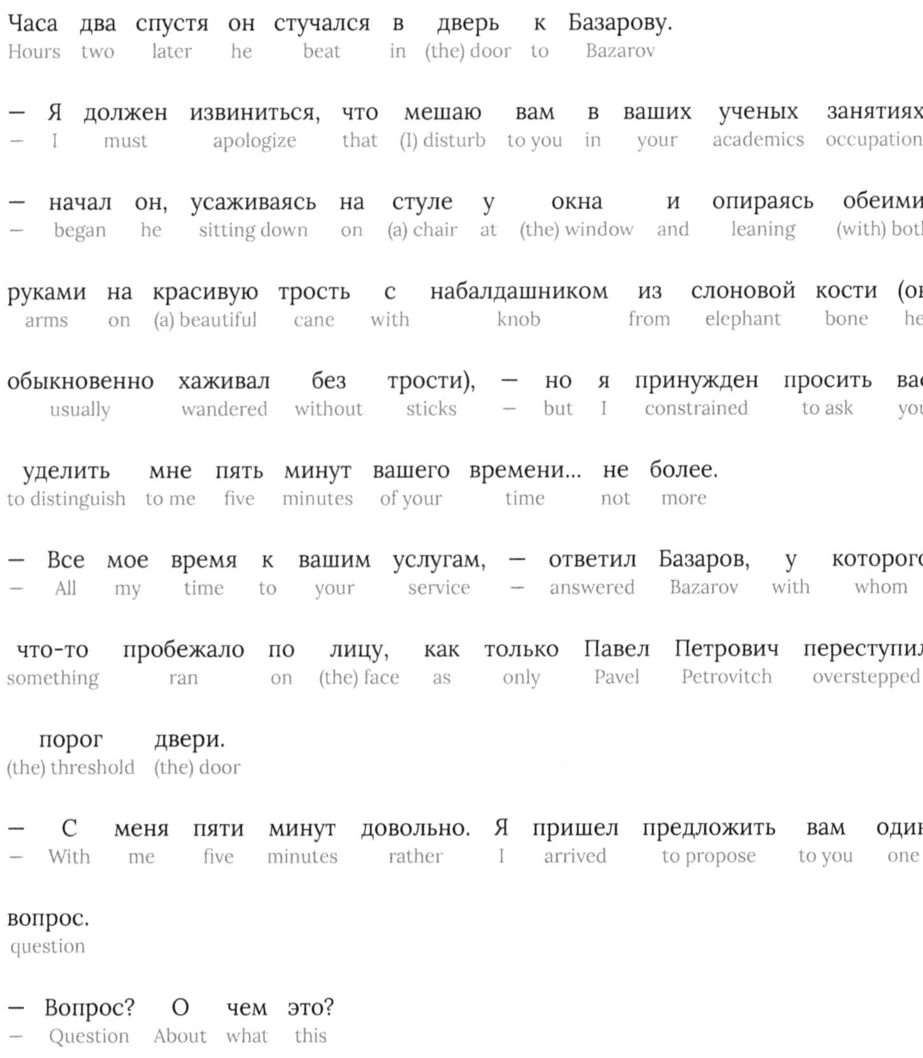

Часа два спустя он стучался в дверь к Базарову.
Hours two later he beat in (the) door to Bazarov

— Я должен извиниться, что мешаю вам в ваших ученых занятиях,
— I must apologize that (I) disturb to you in your academics occupations

— начал он, усаживаясь на стуле у окна и опираясь обеими
— began he sitting down on (a) chair at (the) window and leaning (with) both

руками на красивую трость с набалдашником из слоновой кости (он
arms on (a) beautiful cane with knob from elephant bone he

обыкновенно хаживал без трости), — но я принужден просить вас
usually wandered without sticks — but I constrained to ask you

уделить мне пять минут вашего времени... не более.
to distinguish to me five minutes of your time not more

— Все мое время к вашим услугам, — ответил Базаров, у которого
— All my time to your service — answered Bazarov with whom

что-то пробежало по лицу, как только Павел Петрович переступил
something ran on (the) face as only Pavel Petrovitch overstepped

порог двери.
(the) threshold (the) door

— С меня пяти минут довольно. Я пришел предложить вам один
— With me five minutes rather I arrived to propose to you one

вопрос.
question

— Вопрос? О чем это?
— Question About what this

— А вот извольте выслушать. В начале вашего пребывания в
— And here be so kind as to listen In (the) beginning of your stay in

доме моего брата, когда я еще не отказывал себе в удовольствии
(the) house my brother when I still not refused myself in (the) pleasure

беседовать с вами, мне случалось слышать ваши суждения о
to converse with you to me (it) happened to hear your judgments about

многих предметах; но, сколько мне помнится, ни между нами, ни
many items but how many to me myself remember not between us not

в моем присутствии речь никогда не заходила о поединках, о
in my presence (the) talk never not stopped by about duels about

дуэли вообще. Позвольте узнать, какое ваше мнение об этом
(a) duel generally Please to find out what your opinion about this

предмете?
subject

Базаров, который встал было навстречу Павлу Петровичу, присел на
Bazarov who got up was towards Paul Petrovoch sat down on

край стола и скрестил руки.
(the) edge (of the) table and crossed (the) hands

— Вот мое мнение, — сказал он. — С теоретической точки зрения
— Here my opinion — said he — With theoretical points (of) vision

дуэль — нелепость; ну, а с практической точки зрения — это
(of the) duel — absurdity well and with practical points (of) vision — this

дело другое.
matter another

— То есть вы хотите сказать, если я только вас понял, что какое
— Then is you want to say if I only you understood that what

бы ни было ваше теоретическое воззрение на дуэль, на практике вы
would not was your theoretical view on duel on practice you

бы не позволили оскорбить себя, не потребовав удовлетворения?
would not allowed to offend yourself not demanding satisfaction

— Вы вполне отгадали мою мысль.
— You completely guessed my thought

— Очень хорошо-с. Мне очень приятно это слышать от вас. Ваши
— Very ok-sir To me very pleasant this to hear from you Your

слова выводят меня из неизвестности...
words deduce me from uncertainty

— Из нерешимости, хотите вы сказать.
— From indecision want you to say

— Это все равно-с; я выражаюсь так, чтобы меня поняли; я...
— This all equals I express myself so in order that me (they) understood I

не семинарская крыса. Ваши слова избавляют меня от некоторой
not (a) seminar rat Your words get rid of me from some

печальной необходимости. Я решился драться с вами.
sad need I decided to fight with you

Базаров вытаращил глаза.
Bazarov goggled (the) eyes
opened wide

— Со мной?
— With me

— Непременно с вами.
— Without fail with you

— Да за что? помилуйте.
— Yes for what have mercy

— Я бы мог объяснить вам причину, — начал Павел Петрович. —
— I would could explain to you (the) reason — began Pavel Petrovitch —

Но я предпочитаю умолчать о ней. Вы, на мой вкус, здесь
But I prefer to keep silent about her You for my taste here

лишний; я вас терпеть не могу, я вас презираю, и если вам этого
too much I you to endure not can I you despise and if to you this

не довольно...
not rather

Глаза Павла Петровича засверкали... Они вспыхнули и у Базарова.
(The) eyes (of) Pavel Petrovich sparkled They flared up also with Bazarov

— Очень хорошо-с, — проговорил он. — Дальнейших объяснений не
— Very ok-sir — spoke he — Further explanations not

нужно. Вам пришла фантазия испытать на мне свой рыцарский дух.
necessary To you came (the) fantasy to try out on to me your chivalrous spirit

Я бы мог отказать вам в этом удовольствии, да уж куда ни
I would could refuse to you in this pleasure yes already where not

шло!
(I) went

— Чувствительно вам обязан, — ответил Павел Петрович, — и могу
— Sensitively to you am obliged — answered Pavel Petrovitch — and can

теперь надеяться, что вы примете мой вызов, не заставив меня
now to rely oneself that you accept my challenge not forcing me

прибегнуть к насильственным мерам.
to resort to violent measures

— То есть, говоря без аллегорий, к этой палке? — хладнокровно
— That is saying without allegories to this stick — cold-blooded

заметил Базаров. — Это совершенно справедливо. Вам нисколько не
noted Bazarov — This completely correct To you not a bit not

нужно оскорблять меня. Оно же и не совсем безопасно. Вы
necessary to insult me It then also not (is) entirely without danger You

можете остаться джентльменом... Принимаю ваш вызов тоже
can stay gentleman (I) accept your challenge also

по-джентльменски.
gentlemanly

— Прекрасно, — промолвил Павел Петрович и поставил трость в
— Well — uttered Pavel Petrovitch and placed (the) cane in

угол. — Мы сейчас скажем несколько слов об условиях нашей
(the) corner — We now say several words about (the) clauses (of) our

дуэли; но я сперва желал бы узнать, считаете ли вы нужным
duel but I first desired would to find out count whether you (it) necessary

прибегнуть к формальности небольшой ссоры, которая могла бы
to resort to formalities (of the) small quarrels which could would

служить предлогом моему вызову?
serve (as) pretext (of) my summon

— Нет, лучше без формальностей.
— No better without formalities

— Я сам так думаю. Полагаю также неуместным вникать в
— I myself so think Suppose also inappropriate to delve into

настоящие причины нашего столкновения. Мы друг друга терпеть не
(the) real reason (of) our collisions We each other to endure not

можем. Чего же больше?
can What then more

— Чего же больше? — повторил иронически Базаров.
— What then more — repeated ironically Bazarov

— Что же касается до самых условий поединка, то так как у
— What then concerns to (the) very conditions (of the) bout then so as with

нас секундантов не будет, — ибо где ж их взять?
us (the) seconds not will be — since where then them to take

— Именно, где их взять?
— Exactly where them to take

— То я имею честь предложить вам следующее: драться завтра
— Then I have (the) honor to propose to you (the) following fight tomorrow

рано, положим, в шесть часов, за рощей, на пистолетах; барьер в
early let's propose in six hours behind (the) grove on pistols barrier in

десяти шагах...
ten steps

— В десяти шагах? Это так; мы на это расстояние ненавидим друг
— In ten steps This so we on this distance hate each

друга.
other

— Можно и восемь, — заметил Павел Петрович.
— Possible also eight — noted Pavel Petrovitch

— Можно; отчего же!
— Possible why then

— Стрелять два раза; а на всякий случай, каждому положить себе
— To shoot two times and on every case each to put down themselves

в карман письмецо, в котором он сам обвинит себя в своей
in (the) pocket (a) letter in which he self accuses himself for his

кончине.
ending

— Вот с этим я не совсем согласен, — промолвил Базаров. —
— Here with that I not entirely agree — uttered Bazarov —

Немножко на французский роман сбивается, неправдоподобно что-то.
A little like (a) French novel wanders itself improbable somewhat

— Быть может. Однако согласитесь, что неприятно подвергнуться
— Be can However (you will) agree that (it is) unpleasant to undergo

подозрению в убийстве?
(a) suspicion in murder

— Соглашаюсь. Но есть средство избегнуть этого грустного нарекания.
— (I) agree But (there) is (a) means to escape this sad reproach

Секундантов у нас не будет, но может быть свидетель.
(The) seconds with us not will be but can be (a) witness

— Кто именно, позвольте узнать?
— Who exactly please to find out

— Да Петр.
— Yes Peter

— Какой Петр?
— What Peter

— Камердинер вашего брата. Он человек, стоящий на высоте
— (The) valet (of) your brother He (is a) man standing on height

современного образования, и исполнит свою роль со всем
(of) contemporary educations and executes his role with all

необходимым в подобных случаях комильфо.
(the) necessary in similar cases comme il faut (French: as it should)

— Мне кажется, вы шутите, милостивый государь.
— To me (it) seems you joke gracious lord

— Нисколько. Обсудивши мое предложение, вы убедитесь, что оно
— Not a bit Having discussed my proposal you make sure that it

исполнено здравого смысла и простоты. Шила в мешке не утаишь,
fulfills sensible meaning and simplicities Sewing in sack not conceals

а Петра я берусь подготовить надлежащим образом и привести
and Peter I undertake myself to prepare (with) proper means and to bring

на место побоища.
on (the) place (of the) great battle

— Вы продолжаете шутить, — произнес, вставая со стула, Павел
— You continue to joke — pronounced getting up from (the) chair Pavel

Петрович. — Но после любезной готовности, оказанной вами, я не
Petrovitch — But after gracious readiness rendered to you I not

имею права быть на вас в претензии... Итак, все устроено... Кстати,
have (the) right to be on you in claims Thus all construct By the way

пистолетов у вас нет?
pistols with you not

— Откуда будут у меня пистолеты, Павел Петрович? Я не
— Where from will be with me pistols Pavel Petrovitch I (am) not

воин.
(a) warrior

— В таком случае предлагаю вам мои. Вы можете быть уверены, что
— In such case (I) propose to you mine You can be assured that

вот уже пять лет, как я не стрелял из них.
here already five years as I not fired from them

— Это очень утешительное известие.
— This (is) very comforting news

Павел Петрович достал свою трость...
Pavel Petrovitch got his cane

— Засим, милостивый государь, мне остается только благодарить вас
— As follows gracious lord to me is left only to thank you

и возвратить вас вашим занятиям. Честь имею кланяться.
and to return you to your occupations (The) honor (I) have to bow

— До приятного свидания, милостивый государь мой, — промолвил
— To (a) pleasant date gracious lord my — uttered

Базаров, провожая гостя.
Bazarov seeing off (the) guest

Павел Петрович вышел, а Базаров постоял перед дверью и
Pavel Petrovitch left and Bazarov stood for a while before (the) door and

вдруг воскликнул: «Фу ты, черт! как красиво и как глупо! Экую
suddenly exclaimed Bah you devil how beautiful and how foolish See here

мы комедию отломали! Ученые собаки так на задних лапах танцуют.
we (the) comedy broke off Learned dogs so on rear paws dance
Like trick dogs

А отказать было невозможно; ведь он меня, чего доброго, ударил
And to refuse was impossible indeed he me with what good struck

бы, и тогда... (Базаров побледнел при одной этой мысли; вся его
would and then Bazarov turned pale with alone this thought entire his

гордость так и поднялась на дыбы.) Тогда пришлось бы
pride so also rose on (their) hind legs up Then (it) necessary would be

задушить его, как котенка». Он возвратился к своему микроскопу, но
to strangle him like (a) kitten He returned to his microscope but

сердце у него расшевелилось, и спокойствие, необходимое для
(the) heart with him stirred and (the) calmness necessary for

наблюдений, исчезло. «Он нас увидел сегодня, — думал он, — но
observations disappeared He us saw today – thought he – but

неужели ж это он за брата так вступился? Да и что за
really then this he for (the) brother so intervened Yes and what for

важность поцелуй? Тут что-нибудь другое есть. Ба! да не влюблен
importance (a) kiss Here something other is Wow (surprise) yes not is in love

ли он сам? Разумеется, влюблен; это ясно как день. Какой
whether he himself (One can) understand (he) is in love this clear as day What

переплет, подумаешь!.. Скверно! — решил он наконец, — скверно, с
jam (you) think Bad – decided he finally – bad from

какой стороны ни посмотри. Во-первых, надо будет
whatever side not (one) looks At first necessary will be

подставлять лоб и во всяком случае уехать; а тут Аркадий...
to present to show up as a target (the) forehead and in every any case to leave and here Arkady

и эта божья коровка, Николай Петрович. Скверно, скверно».
and this god's cow Nikolai Petrovitch Bad bad

День прошел как-то особенно тихо и вяло. Фенечки словно
(The) day passed somehow especially quiet and sluggish (From) Fenechka as if

на свете не бывало; она сидела в своей комнатке, как мышонок
on (the) world not (she) existed she sat in her room like (a) mouse

в норке. Николай Петрович имел вид озабоченный. Ему донесли,
in (her) burrow Nikolai Petrovitch had (a) view preoccupied To him reported

что в его пшенице, на которую он особенно надеялся, показалась
that in his wheat on which he especially hoped seemed to be

головня. Павел Петрович подавлял всех, даже Прокофьича, своею
smut (fungi) Pavel Petrovitch suppressed everyone even Prokofyicha (with) his

леденящею вежливостью. Базаров начал было письмо к отцу, да
chilling politeness Bazarov began was (a) letter to (the) father yes then

разорвал его и бросил под стол. «Умру, — подумал он, —
tore up it and threw (it) under (the) table (I) die – thought he –

узнают; да я не умру. Нет, я еще долго на свете маячить
(they) will find out yes I not die No I still long on (the) world linger

буду». Он велел Петру прийти к нему на следующий день чуть свет
will He ordered (to) Peter to come to him on (the) following day just light at first light

для важного дела; Петр вообразил, что он хочет взять его с собой
for important business Peter imagined that he wants to take him with himself

в Петербург. Базаров лег поздно, и всю ночь его мучили
in Petersburg Bazarov lay late and all night him tormented

беспорядочные сны... Одинцова кружилась перед ним, она же была его
disorderly dreams Odintsova whirled before him she then was his

мать, за ней ходила кошечка с черными усиками, и эта кошечка
mother behind her went (a) kitten with black whiskers and this kitten

была Фенечка; а Павел Петрович представлялся ему большим лесом,
was Fenechka and Pavel Petrovitch presented himself to him (with a) large wood

с которым он все-таки должен был драться. Петр разбудил его в
with which he all-so (nonetheless) must was to fight himself Peter woke him in

четыре часа; он тотчас оделся и вышел с ним.
four hours he immediately got dressed and left with him

Утро было славное, свежее; маленькие пестрые тучки стояли
(The) morning was glorious fresh small multicolored clouds stood

барашками на бледно-ясной лазури; мелкая роса высыпала на листьях
(like) lambs on pale-clear azure (a) little dew poured out on (the) leaves

и травах, блистала серебром на паутинках; влажная темная земля,
and herbs shone (with) silver on cobwebs (the) damp dark earth

казалось, еще хранила румяный след зари; со всего неба сыпались
(it) seemed still kept (the) ruddy tracks (of) dawn from all (the) sky dripped

песни жаворонков. Базаров дошел до рощи, присел в тени на
(the) songs (of) larks Bazarov reached to (the) grove sat down in (the) shade on

опушку и только тогда открыл Петру, какой он ждал от него
(the) edge and only then disclosed (to) Peter what he awaited from his

услуги. Образованный лакей перепугался насмерть; но Базаров
services (The) educated footman frightened himself to death but Bazarov

успокоил его уверением, что ему другого нечего будет делать, как
soothed him (with the) assurance that to him other nothing will be to do as

только стоять в отдалении да глядеть, и что ответственности он не
only to stay in distance yes to look and that responsibilities he not

подвергается никакой. «А между тем, — прибавил он, — подумай, какая
is subject to any at all But between that — added he — think what

предстоит тебе важная роль!» Петр развел руками, потупился и, весь
to come to you serious role Peter spread (his) arms shrugged and all

зеленый, прислонился к березе.
green leaned against (a) birch

Дорога из Марьина огибала лесок; легкая пыль лежала на ней,
(The) road from Marina enveloped was enveloped by woodland (a) light dust was lying on her

еще не тронутая со вчерашнего дня ни колесом, ни ногою.
still not touched from yesterday's day neither (by) wheel nor (by) leg

Базаров невольно посматривал вдоль той дороги, рвал и кусал
Bazarov involuntarily looked lengthwise that road tore and bit

траву, а сам все твердил про себя: «Экая глупость!» Утренний
grass and himself all said about himself See what stupidity (The) morning-

холодок заставил его раза два вздрогнуть... Петр уныло взглянул на
chill forced him times two to wince Peter gloomily looked at

него, но Базаров только усмехнулся: он не трусил.
him but Bazarov only smiled he not chickened out

Раздался топот конских ног по дороге... Мужик показался
Rang out (the) stomping (of) horse feet on (the) road (A) peasant appeared

из-за деревьев. Он гнал двух спутанных лошадей перед собою и,
from behind (the) trees He drove two tangled horses before himself and
matted

проходя мимо Базарова, посмотрел на него как-то странно, не ломая
passing by Bazarov looked at him somehow strange not breaking
taking off

шапки, что, видимо, смутило Петра, как недоброе предзнаменование.
(the) hat that, visibly, confused Peter like (a) bad omen

«Вот этот тоже рано встал, — подумал Базаров, — да,
see that one also early got up — thought Bazarov — yes

по крайней мере, за делом, а мы?»
on extreme measure for business and we?
at least

— Кажись, они идут-с, — шепнул вдруг Петр.
— Seemingly they are coming-sir — whispered suddenly Peter

Базаров поднял голову и увидал Павла Петровича. Одетый в легкий
Bazarov raised (the) head and saw Pavel Petrovich Dressed in light

клетчатый пиджак и белые, как снег, панталоны, он быстро шел по
plaid blazer and white as snow (the) trousers he quickly went on

дороге; под мышкой он нес ящик, завернутый в зеленое сукно.
(the) road under (the) armpit he carried (a) box covered in green cloth

— Извините, я, кажется, заставил вас ждать, — промолвил он, кланяясь
— Excuse I (it) seems forced you to wait — uttered he bowing

сперва Базарову, потом Петру, в котором он в это мгновение уважал
first (to) Bazarov then (to) Peter in whom he in this moment esteemed

нечто вроде секунданта. — Я не хотел будить моего камердинера.
(a) some kind of second — I not wanted to wake my valet
(duelling assistant)

— Ничего-с, — ответил Базаров, — мы сами только что пришли.
— Nothing-sir — answered Bazarov — we ourselves only that arrived
No problem sir just

— А! тем лучше! — Павел Петрович оглянулся кругом. —
— And that better — Pavel Petrovitch looked around himself in a circle —
looked around

Никого не видать, никто не помешает... Мы можем приступить?
No one not to see nobody not interferes We can get started

— Приступим.
— Get started

— Новых объяснений вы, я полагаю, не требуете?
— New explanations you I suppose not (you) demand

— Не требую.
— Not (I) demand

— Угодно вам заряжать? — спросил Павел Петрович, вынимая из
— Is convenient to you to charge — asked Pavel Petrovitch taking out from
to load the guns

ящика пистолеты.
(a) chest (the) pistols

— Нет; заряжайте вы, а я шаги отмеривать стану. Ноги у меня
— No charge (the gun) you and I steps to measure stand (The) legs with me
will

длиннее, — прибавил Базаров с усмешкой. — Раз, два, три...
longer — added Bazarov with (a) grin — One two three

— Евгений Васильич, — с трудом пролепетал Петр (он дрожал, как в
— Eugene Vasilich — with difficulty whispered Peter he shook as in

лихорадке), — воля ваша, я отойду.
(a) fever — will yours I step back

— Четыре... пять... Отойди, братец, отойди; можешь даже за дерево
— Four five Stand back brother stand back can even behind (a) tree

стать и уши заткнуть, только глаз не закрывай; а повалится
stand and (the) ears shut only (the) eyes not close and collapses

кто, беги подымать. Шесть... семь... восемь... — Базаров остановился. —
who run to raise Six seven eight — Bazarov stopped —

Довольно? — промолвил он, обращаясь к Павлу Петровичу, — или еще
Rather — uttered he turning to Paul Petrovoch — or still

два шага накинуть?
two steps cast on

— Как угодно, — проговорил тот, заколачивая вторую пулю.
— As is convenient — spoke that one hammering (stuffing in) (the) second bullet

— Ну, накинем еще два шага. — Базаров провел носком
— Well (let's) throw on still two steps — Bazarov conducted drew (with the) nose

сапога черту по земле. — Вот и барьер. А кстати: на
(of the) boot (a) line on (the) ground — Here (is) also (the) barrier And by the way on

сколько шагов каждому из нас от барьера отойти? Это тоже
how many steps each of us from (the) barrier to go away to step away from This (is) also

важный вопрос. Вчера об этом не было дискуссии.
(an) important question Yesterday about this not was discussion

— Я полагаю, на десять, — ответил Павел Петрович, подавая Базарову
— I suppose on ten — answered Pavel Petrovitch serving Bazarov

оба пистолета. — Соблаговолите выбрать.
both pistols — Kindly Be so kind choose to choose

— Соблаговоляю. А согласитесь, Павел Петрович, что поединок наш
— Willingly And (you will) agree Pavel Petrovitch that (the) duel ours

необычаен до смешного. Вы посмотрите только на физиономию нашего
(is) unusual to ridiculousness You look only on (the) face (of) our

секунданта.
second

— Вам все желательно шутить, — ответил Павел Петрович. — Я
— To you everything (is) desirable to joke — answered Pavel Petrovitch — I

не отрицаю странности нашего поединка, но я считаю долгом
not deny (the) oddities (of) our duel but I count (it) (the) duty

предупредить вас, что я намерен драться серьезно.
to warn you that I (have the) intent to fight seriously

A bon entendeur, salut!
A good listener salut
A word to the wise (French)

— О! я не сомневаюсь в том, что мы решились истреблять друг
— Oh I not doubt in that that we have decided to exterminate each

друга; но почему же не посмеяться и не соединить
other but why then not laugh and not join

utile dulci? Так-то: вы мне по-французски, а я вам
utile dulci This way you to me in french and I to you
the pleasure to the necessity

по-латыни.
in latin

— Я буду драться серьезно, — повторил Павел Петрович и
— I will fight seriously — repeated Pavel Petrovitch and

отправился на свое место. Базаров, с своей стороны, отсчитал
directed himself to his spot Bazarov from his side counted

десять шагов от барьера и остановился.
ten steps from (the) barrier and stopped

— Вы готовы? — спросил Павел Петрович.
— You ready — asked Pavel Petrovitch

— Совершенно.
— Completely

— Можем сходиться.
— (We) can go together

Базаров тихонько двинулся вперед, и Павел Петрович пошел на него,
Bazarov silently moved forward and Pavel Petrovitch went at him

заложив левую руку в карман и постепенно поднимая дуло
holding (the) left hand in (the) pocket and gradually lifting (the) muzzle

пистолета... «Он мне прямо в нос целит, — подумал Базаров, —
(of the) pistol He to me directly in (the) nose aims — thought Bazarov —

и как щурится старательно, разбойник! Однако это неприятное
and how (he) squints diligently (the) robber However this (is) an) unpleasant
he aims

ощущение. Стану смотреть на цепочку его часов...» Что-то резко
feeling Stands to look at (the) chain (of) his watch Something sharply

зыкнуло около самого уха Базарова, и в то же мгновенье раздался
hummed near (the) very ear (of) Bazarov and in this then instant rang out

выстрел. «Слышал, стало быть ничего», — успело мелькнуть в его
(a) shot (I) heard became to be nothing — had time to flicker in his

голове. Он ступил еще раз и, не целясь, подавил пружинку.
head He stepped still one time and not aiming depressed (the) little spring
pressed the trigger

Павел Петрович дрогнул слегка и хватился рукою за ляжку.
Pavel Petrovitch trembled slightly and grabbed (with a) hand for (the) thigh

Струйка крови потекла по его белым панталонам.
(A) trickle (of) blood flowed on his white long johns
(here: pants)

Базаров бросил пистолет в сторону и приблизился к своему
Bazarov threw (the) pistol in (the) side and approached to his

противнику.
adversary

— Вы ранены? — промолвил он.
— You wounded — uttered he

— Вы имели право подозвать меня к барьеру, — проговорил Павел
— You had right to summon me to (the) barrier — spoke Pavel

Петрович, — а это пустяки. По условию каждый имеет еще по
Petrovitch — and this (is a) trifle On (the) condition each one has still on
rights to

одному выстрелу.
(a) single shot

— Ну, извините, это до другого раза, — отвечал Базаров и обхватил
— Well excuse this for (an) other time — answered Bazarov and embraced

Павла Петровича, который начинал бледнеть. — Теперь я уже не
Pavel Petrovich who began to pale — Now I already not

дуэлист, а доктор и прежде всего должен осмотреть вашу рану.
(a) duelist but (a) doctor and before all must inspect your wound

Петр! поди сюда, Петр! куда ты спрятался?
Peter get along here Peter where you hid

— Все это вздор... Я не нуждаюсь ни в чьей помощи, — промолвил
— All this nonsense I not need not in whose help — uttered
of anyone's

с расстановкой Павел Петрович, — и... надо... опять... — Он хотел
with arrangement Pavel Petrovitch — and necessary again — He wanted
stressed words

было дернуть себя за ус, но рука его ослабела, глаза
was to jerk himself by (the) whisker but (the) hand him weakened (the) eyes

закатились, и он лишился чувств.
rolled up and he forfeited sense
fainted

— Вот новость! Обморок! С чего бы! — невольно воскликнул
— Here (is) news Fainting With what would — involuntarily exclaimed

Базаров, опуская Павла Петровича на траву. — Посмотрим, что за
Bazarov lowering Pavel Petrovich on (the) grass — Let's see what for

штука? — Он вынул платок, отер кровь, пощупал вокруг раны... —
thing — He took out (the) shawl wiped (the) blood felt around (the) wound —

Кость цела, — бормотал он сквозь зубы, — пуля прошла
(The) bone (is) intact — muttered he through (the) teeth — (the) bullet passed

неглубоко насквозь, один мускул, vastus externus, задет. Хоть
shallowly through one muscle vastus externus (is) affected Might as well
(the big outer one, Latin) He will

пляши через три недели!.. А обморок! Ох, уж эти мне нервные
dance after three weeks But fainting Oh already these to me nervous
dance again

люди! Вишь, кожа-то какая тонкая.
people See skin-then how thin

— Убиты-с? — прошелестел за его спиной трепетный голос Петра.
— Killed-sir? — whispered behind his back (the) timid voice (of) Peter

Базаров оглянулся.
Bazarov looked around
looked behind himself

— Ступай за водой поскорее, братец, а он нас с тобой еще
— Go down for water faster brother and he us with you still

переживет.
will survive

Но усовершенствованный слуга, казалось, не понимал его слов и не
But (the) improved servant (it) seemed not understood his words and not

двигался с места. Павел Петрович медленно открыл глаза.
moved from (the) place Pavel Petrovitch slowly opened (the) eyes

«Кончается!» — шепнул Петр и начал креститься.
(He's) finishing — whispered Peter and began to cross oneself
He's dying

— Вы правы... Экая глупая физиономия! — проговорил с
— You (are) right See (the) dumb face — spoke with

насильственною улыбкой раненый джентльмен.
violent smile (the) wounded gentleman

— Да ступай же за водой, черт! — крикнул Базаров.
— Yes get down then for water devil — shouted Bazarov

— Не нужно... Это был минутный vertige... Помогите мне сесть... вот
— Not necessary This was minute (of) vertigo Help me to sit down here

так... Эту царапину стоит только чем-нибудь прихватить, и я дойду
so This scratch stands only something to seize and I reach

домой пешком, а не то можно дрожки за мной прислать. Дуэль,
home on foot and not then possible droshky for me to send Duel
the little carriage

если вам угодно, не возобновляется. Вы поступили благородно...
if to you is convenient not resumes You came in nobly

сегодня, сегодня — заметьте.
today today — (you) notice

— О прошлом вспоминать незачем, — возразил Базаров, — а что
— About (the) past to remember no reason — objected Bazarov — and what

касается до будущего, то о нем тоже не стоит голову ломать,
concerns to (the) future then about it also not stands (the) head to break

потому что я намерен немедленно улизнуть. Дайте, я вам перевяжу
therefore that I (have) intent immediately slip away Give I to you bandage

теперь ногу; рана ваша — не опасная, а все лучше остановить
now (to the) leg (the) wound yours — not dangerous and all better to stop

кровь. Но сперва необходимо этого смертного привести в чувство.
blood But first (it is) necessary this mortal to bring in feeling
to his senses

Базаров встряхнул Петра за ворот и послал его за дрожками.
Bazarov shook Peter by (the) collar and sent him for (the) little carriage

— Смотри, брата не испугай, — сказал ему Павел Петрович, —
— See (the) brother not scare — said to him Pavel Petrovitch —

не вздумай ему докладывать.
not think about to him report
don't

Петр помчался; а пока он бегал за дрожками, оба противника
Peter rushed and while he jogged for (the) little carriage both opponents

сидели на земле и молчали. Павел Петрович старался не глядеть
sat on (the) ground and kept silent Pavel Petrovitch tried not to look

на Базарова; помириться с ним он все-таки не хотел; он стыдился
at Bazarov to make up with him he all-so not wanted he was ashamed
in any case

своей заносчивости, своей неудачи, стыдился всего затеянного им
of his arrogance of his failures was ashamed of all conceived by them

дела, хотя и чувствовал, что более благоприятным образом оно
business although also (he) felt that more favorable means it

кончиться не могло. «Не будет, по крайней мере, здесь торчать, —
to end itself not was possible Not will be on extreme measure here stick out —
at least

успокаивал он себя, — и на том спасибо». Молчание длилось,
calmed he himself — and for that (I'm) thankful Silence lasted

тяжелое и неловкое. Обоим было нехорошо. Каждый из них
heavy and awkward (To) both (it) was not good Each of them

сознавал, что другой его понимает. Друзьям это сознание приятно,
became aware that (the) other him understands (To) friends this consciousness (is) pleasant

и весьма неприятно недругам, особенно когда нельзя ни
and totally unpleasant (to) foes especially when (it's) impossible not

объясниться, ни разойтись.
to explain oneself not to separate

— Не туго ли я завязал вам ногу? — спросил наконец Базаров.
— Not tightly whether I bound to you (the) leg — asked finally Bazarov
too tight

— Нет, ничего, прекрасно, — отвечал Павел Петрович и, погодя
— No nothing well — answered Pavel Petrovitch and later

немного, прибавил: — Брата не обманешь, надо будет сказать ему,
a little added — Brother not will deceive necessary will be to tell to him

что мы повздорили из-за политики.
that we quarrelled out-of politics

— Очень хорошо, — промолвил Базаров. — Вы можете сказать, что я
— Very well — uttered Bazarov — You can say that I

бранил всех англоманов.
scolded all anglomaniacs

— И прекрасно. Как вы полагаете, что думает теперь о нас этот
— And beautiful As you believe what (he) thinks now about us this

человек? — продолжал Павел Петрович, указывая на того самого
man — continued Pavel Petrovitch indicating on that very

мужика, который за несколько минут до дуэли прогнал мимо Базарова
peasant which for several minutes to (a) duel chased past Bazarov

спутанных лошадей и, возвращаясь назад по дороге, «забочил» и
(the) matted horses and returning back on (the) road took care and

снял шапку при виде «господ».
took off (his) cap before sight (of the) gentlemen

— Кто ж его знает! — ответил Базаров, — всего вероятнее, что
— Who then him knows — answered Bazarov — all more likely that

ничего не думает. Русский мужик — это тот самый таинственный
nothing not (he) thinks (A) russian peasant — this that (the) most mysterious

незнакомец, о котором некогда так много толковала госпожа
stranger about which no time so much interpreted Mrs

Ратклифф. Кто его поймет? Он сам себя не понимает.
Ratcliffe Who him will understand He same himself not understands

— А! вот вы как! — начал было Павел Петрович и вдруг
— And here you as — began was Pavel Petrovitch and suddenly

воскликнул: — Посмотрите, что ваш глупец Петр наделал! Ведь
exclaimed — Look what your fool Peter caused Indeed

брат сюда скачет!
(the) brother here rides

Базаров обернулся и увидел бледное лицо Николая Петровича,
Bazarov turned himself and saw (the) pale face (of) Nicholas Petrovich

сидевшего на дрожках. Он соскочил с них, прежде нежели они
seated on (the) droshky (the carriage) He jumped off with them before rather that they

остановились, и бросился к брату.
stopped and threw himself to (the) brother

— Что это значит? — проговорил он взволнованным голосом. —
— What this (it) means — spoke he (with an) excited voice —

Евгений Васильич, помилуйте, что это такое?
Eugene Vasilich have mercy what this such

— Ничего, — отвечал Павел Петрович, — напрасно тебя потревожили.
— Nothing — answered Pavel Petrovitch — in vain you disturbed

Мы немножко повздорили с господином Базаровым, и я за это
We a little quarrelled with gentleman Bazarov and I for this

немножко поплатился.
(a) little paid

— Да из-за чего все вышло, ради Бога?
— Yes out of because of what all went out happened for the sake God

— Как тебе сказать? Господин Базаров непочтительно отозвался о
— How to you to say Sir Bazarov irreverently responded about

сэре Роберте Пиле. Спешу прибавить, что во всем этом виноват один
sir Robert Peel (I) hurry to add that in all this (the) faulty one

я, а господин Базаров вел себя отлично. Я его вызвал.
(am) I and sir Bazarov behaved himself very well I him called out (to a duel)

— Да у тебя кровь, помилуй!
— Yes with you blood have mercy

— А ты полагал, у меня вода в жилах? Но мне это
— And you assumed with me water in (the) veins But to me this

кровопускание даже полезно. Не правда ли, доктор? Помоги мне
bloodletting even successful Not true whether doctor Help me

сесть на дрожки и не предавайся меланхолии. Завтра я буду
to sit down on (the) droshky the little carriage and not surrender to melancholy Tomorrow I will be

здоров. Вот так; прекрасно. Трогай, кучер.
healthy Here so well Start coachman

Николай Петрович пошел за дрожками; Базаров остался было
Nikolai Petrovitch went behind (the) little carriage Bazarov stayed was

назади...
back

— Я должен вас просить заняться братом, — сказал ему Николай
— I must you ask to keep busy brother — said to him Nikolai

Петрович, — пока нам из города привезут другого врача.
Petrovitch — while to us from (the) town will bring (an) other doctor
until

Базаров молча наклонил голову.
Bazarov silently inclined (the) head

Час спустя Павел Петрович уже лежал в постели с искусно
(An) hour later Pavel Petrovitch already was lying in (the) bed with (a) skillfully

забинтованною ногой. Весь дом переполошился; Фенечке
bandaged leg All (the) house freaked out (To) Fenechka
Fenechka

сделалось дурно. Николай Петрович втихомолку ломал себе руки,
(it) turned itself bad Nikolai Petrovitch quietly broke himself (the) hands
got sick was stressing out

а Павел Петрович смеялся, шутил, особенно с Базаровым; надел
and Pavel Petrovitch laughed joked especially with Bazarov (he) put on

тонкую батистовую рубашку, щегольскую утреннюю курточку и феску,
(a) thin cambric (the) jacket (a) dandy morning jacket and (a) fez

не позволил опускать шторы окон и забавно жаловался
not allowed to lower (the) curtains (of the) windows and amusingly complained himself

на необходимость воздержаться от пищи.
on (the) necessity abstain from food

К ночи с ним, однако, сделался жар; голова у него заболела.
At night with him however became fire (the) head with him fell ill
he got a fever

Явился доктор из города. (Николай Петрович не послушался
Appeared (the) doctor from (the) town Nikolai Petrovitch not obeyed

брата, да и сам Базаров этого желал; он целый день сидел
(the) brother yes and himself Bazarov this desired he (the) whole day sat

у себя в комнате, весь желтый и злой, и только на самое
with himself in (the) room all yellow and mean and only on (the) most

короткое время забегал к больному; раза два ему случилось
short time ran to (the) ill one times two to him happened

встретиться с Фенечкой, но она с ужасом от него отскакивала.)
to meet with Fenechka but she with horror from him leaped back

Новый доктор посоветовал прохладительные питья, а в прочем
(The) new doctor advised refreshing drinks and in other things

подтвердил уверения Базарова, что опасности не предвидится
confirmed (the) assurances Bazarov that dangers not foreseeable

никакой. Николай Петрович сказал ему, что брат сам себя
any Nikolai Petrovitch said to him that (the) brother same himself

поранил по неосторожности, на что доктор отвечал: «Гм!» — но,
hurt on negligence on that (the) doctor answered Ahem — but

получив тут же в руку двадцать пять рублей серебром, промолвил:
receiving here then in (the) hand twenty five rubles (with) silver uttered

«Скажите! это часто случается, точно».
Say this often happens exactly

Никто в доме не ложился и не раздевался. Николай Петрович
Nobody in (the) house not lay themselves and not undressed Nikolai Petrovitch

то и дело входил на цыпочках к брату и на цыпочках
this also matter entered on tip-toes to (the) brother and on tip-toes

выходил от него; тот забывался, слегка охал, говорил ему
came out from him that forget slightly groaned said to him

по-французски: «Conchez-vous», — и просил пить. Николай Петрович
in French get lost (French) — and asked to drink Nikolai Petrovitch

заставил раз Фенечку поднести ему стакан лимонаду; Павел Петрович
forced once Fenechka to bring to him (a) glass (of) lemonade Pavel Petrovitch

посмотрел на нее пристально и выпил стакан до дна. К
looked at her fixedly and drank (the) glass to (to the) bottom At

утру жар немного усилился, показался легкий бред. Сперва
(the) morning the fever a little intensified appeared (a) light delirium First

Павел Петрович произносил несвязные слова; потом он вдруг открыл
Pavel Petrovitch pronounced incoherent words then he suddenly opened

глаза и, увидав возле своей постели брата, заботливо
(the) eyes and seeing near his bed (the) brother carefully

наклонившегося над ним, промолвил:
leaning over him uttered

— А не правда ли, Николай, в Фенечке есть что-то общее
— And not true whether Nikolai in Fenechka is something (in) common

с Нелли?
with Nelly

— С какою Нелли, Паша?
— With which Nelly Pasha

— Как это ты спрашиваешь? С княгинею Р... Особенно в верхней
— How this you ask With princess P. Especially in (the) top

части лица. C'est de la même famille.
part (of the) face It is (French) of the same family

Николай Петрович ничего не отвечал, а сам про себя подивился
Nikolai Petrovitch nothing not answered and self about himself marveled

живучести старых чувств в человеке.
(the) survivability (of the) old feelings in (a) person

«Вот когда всплыло», — подумал он.
Here when (it) popped up — thought he

— Ах, как я люблю это пустое существо! — простонал Павел Петрович,
— Ah how I love this empty creature — moaned Pavel Petrovitch

тоскливо закидывая руки за голову. — Я не потерплю,
melancholically throwing (the) hands behind (the) head — I not bear with me

чтобы какой-нибудь наглец посмел коснуться... — лепетал он
in order that some insolent (person) (her) dared to touch — babbled he

несколько мгновений спустя.
several moments later

Николай Петрович только вздохнул; он и не подозревал, к кому
Nikolai Petrovitch only sighed he also not suspected to whom

относились эти слова.
related these words

Базаров явился к нему на другой день, часов в восемь. Он успел
Bazarov appeared to him on (the) next day hours in eight (at eight o'clock) He managed

уже уложиться и выпустить на волю всех своих лягушек,
already to tuck in and release to freedom all his frogs

насекомых и птиц.
insects and birds

— Вы пришли со мной проститься? — проговорил Николай Петрович,
— You arrived with me to say goodbye — spoke Nikolai Petrovitch

поднимаясь ему навстречу.
rising him towards

— Точно так-с.
— Exactly so-sir

— Я вас понимаю и одобряю вас вполне. Мой бедный брат,
— I you understand and approve you completely My poor brother

конечно, виноват: за то он и наказан. Он мне сам сказал, что
of course faulty for this he also was punished He to me himself said that

поставил вас в невозможность иначе действовать. Я верю, что вам
(he) placed you in impossibility otherwise to act I believe that to you

нельзя было избегнуть этого поединка, который... который до
impossible was to escape this duel which which to

некоторой степени объясняется одним лишь постоянным антагонизмом
some level explains itself only just (by the) permanent antagonism

ваших взаимных воззрений. (Николай Петрович путался в своих
(of) your reciprocal views Nikolai Petrovitch confused himself in his

словах.) Мой брат — человек прежнего закала, вспыльчивый и
words My brother — man than before temper testy and

упрямый... Слава Богу, что еще так кончилось. Я принял все
stubborn Glory (to) god that still so (had) ended I took on all

нужные меры к избежанию огласки...
(the) necessary measures to avoid publicity

— Я вам оставлю свой адрес на случай, если выйдет история, —
— I to you (I) leave my address in case if will go out (the) story —

заметил небрежно Базаров.
noted nonchalantly Bazarov

— Я надеюсь, что никакой истории не выйдет, Евгений Васильич...
— I hope that any story not will go out Eugene Vasilich

Мне очень жаль, что ваше пребывание в моем доме получило такое...
To me (it's) very sad that your stay in my house got such

такой конец. Мне это тем огорчительнее, что Аркадий...
such (an) ending To me this to that more frustrating that Arkady

— Я, должно быть, с ним увижусь, — возразил Базаров, в котором
— I must be with him to see — objected Bazarov in which

всякого рода «объяснения» и «изъявления» постоянно возбуждали
any kind explanations and expressions constantly aroused

нетерпеливое чувство, — в противном случае прошу вас поклониться
(an) impatient feeling — in (the) opposite case (I) ask you bow yourself to send regards

ему от меня и принять выражения моего сожаления.
to him from me and to take (the) expression (of) my regret

— И я прошу... — ответил с поклоном Николай Петрович. Но
— And I ask — answered with (a) bow Nikolai Petrovitch But

Базаров не дождался конца его фразы и вышел.
Bazarov not awaited (the) end (of) his sentence and left

Узнав об отъезде Базарова, Павел Петрович пожелал его видеть
Finding out about (the) departure (of) Bazarov Pavel Petrovitch wished him to see

и пожал ему руку. Но Базаров и тут остался холоден как лед;
and shook to him (the) hand But Bazarov also here stayed cold as ice

он понимал, что Павлу Петровичу хотелось повеликодушничать. С
he understood that Paul Petrovoch wanted to be magnanimous From

Фенечкой ему не удалось проститься: он только переглянулся с
Fenechka to him not managed to say goodbye he only exchanged glances with

нею из окна. Ее лицо показалось ему печальным. «Пропадет,
her from (the) window Her face seemed to him sorrowful Will disappear

пожалуй! — сказал он про себя... — Ну, выдерется как-нибудь!» Зато
perhaps — said he about himself — Well will get out will survive somehow Instead

Петр расчувствовался до того, что плакал у него на плече, пока
Peter became emotial to that that (he) cried with him on (the) shoulder while

Базаров не охладил его вопросом: «Не на мокром ли месте
Bazarov not cooled down him (with the) question not on (the) wet whether place

у него глаза?» — а Дуняша принуждена была убежать в рощу,
with him (the) eyes — and Dunyasha compelled was to run away in (the) grove

чтобы скрыть свое волнение. Виновник всего этого горя взобрался на
in order to hide her emotion (The) culprit (of) all this grief climbed on

телегу, закурил сигару, и когда на четвертой версте, при
(the) carriage smoked (a) cigarette and when on (the) fourth verst with

повороте дороги, в последний раз предстала его глазам развернутая
(the) turn (of the) road in (the) last time appeared him (the) eyes unfolded

в одну линию кирсановская усадьба с своим новым господским
in one line (the) Kirsanovska manor with its new lordly

домом, он только сплюнул и, пробормотав: «Барчуки проклятые», —
house he only spat out and muttering Little masters cursed —

плотнее завернулся в шинель.
(he) tighter enveloped himself in (the) overcoat

Павлу Петровичу скоро полегчило; но в постели пришлось ему
Paul Petrovoch soon relieved got better but in (the) bed had to him

пролежать около недели. Он переносил свой, как он выражался, плен
lie down near (a) week He tolerated his as he expressed captivity

довольно терпеливо, только уж очень возился с туалетом и все
rather patiently only already much fiddled with (his) toilet his dress and all

приказывал курить одеколоном. Николай Петрович читал ему
ordered to smoke (with) eau de cologne Nikolai Petrovitch read to him

журналы, Фенечка ему прислуживала по-прежнему, приносила бульон,
journals Fenechka to him served like before brought broth

лимонад, яйца всмятку, чай; но тайный ужас овладевал ею каждый раз,
lemonade eggs squashed tea but (a) secret horror mastered her every time

когда она входила в его комнату. Неожиданный поступок Павла
when she entered in his room (The) unexpected act (of) Pavel

Петровича запугал всех людей в доме, а ее больше всех; один
Petrovich intimidated all people in (the) house and her more (than) all only

Прокофьич не смутился и толковал, что и в его время
Prokofich (who hated Bazarov) not was confused and (he) explained that also in his time

господа дирывались, «только благородные господа между собою, а

gentlemen erupted only noble gentlemen between themselves and

этаких прощелыг они бы за грубость на конюшне отодрать велели».

such (a) rascal they would for rudeness on (the) stable tear off ordered

Совесть почти не упрекала Фенечку, но мысль о настоящей

Conscience almost not reproached Fenechka but (the) thought about (the) real

причине ссоры мучила ее по временам; да и Павел Петрович

reason (of the) quarrel worried her on times yes and Pavel Petrovitch

глядел на нее так странно... так, что она, даже обернувшись к нему

looked at her so strange so that she even turning around to him

спиною, чувствовала на себе его глаза. Она похудела от непрестанной

(the) back felt on herself his eyes She thinned (got thinner) from incessant

внутренней тревоги и, как водится, стала еще милей.

inner anxiety and as is conducted usual become even lovelier

Однажды — дело было утром — Павел Петрович хорошо

Once — (the) matter was (in the) morning — Pavel Petrovitch good

себя чувствовал и перешел с постели на диван, а Николай

himself felt and crossed from (the) bed to (the) couch and Nikolai

Петрович, осведомившись об его здоровье, отлучился на гумно.

Petrovitch inquiring about his health absented himself to (the) barn

Фенечка принесла чашку чаю и, поставив ее на столик, хотела было

Fenechka brought (a) cup (of) tea and by putting her on table wanted was

удалиться. Павел Петрович ее удержал.

to retire Pavel Petrovitch her held

— Куда вы так спешите, Федосья Николаевна? — начал он. — Разве

— Where you so hurry Fedosia Nikolayevna — began he — Perhaps

у вас дело есть?

with you (a) matter is

— Нет-с... да-с... Нужно там чай разливать.

— No sir yes-sir Necessary there tea pour

— Дуняша это без вас сделает; посидите немножко с больным

— Dunyasha this without you does sit down a little with (a) sick

человеком. Кстати, мне нужно поговорить с вами.
man By the way to me necessary to talk with you

Фенечка молча присела на край кресла.
Fenechka silently sat down on (the) edge (of an) armchair

— Послушайте, — промолвил Павел Петрович и подергал свои
— Listen — uttered Pavel Petrovitch and jerked his

усы, — я давно хотел у вас спросить: вы как будто меня
moustaches — I long ago wanted from you ask you as if me

боитесь?
fear

— Я-с?..
— I-sir?

— Да, вы. Вы на меня никогда не смотрите, точно у вас
— Yes you You at me never not look as if with you

совесть не чиста.
(the) conscience not (is) clean

Фенечка покраснела, но взглянула на Павла Петровича. Он показался ей
Fenechka reddened but looked at Pavel Petrovich He appeared her

каким-то странным, и сердце у ней тихонько задрожало.
(in) some way strange and (the) heart with her silently shuddered

— Ведь у вас совесть чиста? — спросил он ее.
— Indeed with you conscience clean — asked he her

— Отчего же ей не быть чистою? — шепнула она.
— Why then her not be clean — whispered she

— Мало ли отчего! Впрочем, перед кем можете вы быть
— Little whether why However before whom can you be

виноватою? Передо мной? Это невероятно. Перед другими лицами здесь
guilty Before me This improbable is improbable Before (the) other faces persons here

в доме? Это тоже дело несбыточное. Разве перед братом? Но
in (the) house This also (is a) matter impossible Perhaps before (the) brother But

ведь вы его любите?
indeed you him love

— Люблю.
— (I) love (him)

— Всей душой, всем сердцем?
— (With) all soul (with) all heart

— Я Николая Петровича всем сердцем люблю.
— I Nicholas Petrovich (with) all heart love

— Право? Посмотрите-ка на меня, Фенечка (он в первый раз так
— Right Look a little at me Fenechka he in (the) first time so

назвал ее...). Вы знаете — большой грех лгать!
called her You know — big sin to lie

— Я не лгу, Павел Петрович. Мне Николая Петровича не любить —
— I not lie Pavel Petrovitch To me Nicholas Petrovich not to love —

да после этого мне и жить не надо!
yes after this to me and to live not necessary

— И ни на кого вы его не променяете?
— And not for whomever you him not exchange
have an affair

— На кого ж могу я его променять?
— For whomever then can I him exchange
have an affair with

— Мало ли на кого! Да вот хоть бы на этого господина,
— Little whether on whom Yes here might as well would on this gentleman
It doesn't matter

что отсюда уехал.
that from here left

Фенечка встала.
Fenechka got up

— Господи Боже мой, Павел Петрович, за что вы меня мучите? Что
— Lord God mine Pavel Petrovitch for what you me torture What

я вам сделала? Как это можно такое говорить?..
I to you did How (is) this possible like this to talk

— Фенечка, — промолвил печальным голосом Павел Петрович, — ведь
— Fenechka — uttered (with) sorrowful voice Pavel Petrovitch — indeed

я видел...
I saw

— Что вы видели-с?
— What you saw-sir

— Да там... в беседке.
— Yes there in (the) gazebo

Фенечка зарделась вся до волос и до ушей.
Fenechka blushed entirely to hair and to (the) ears

— А чем же я тут виновата? — произнесла она с трудом.
— And what then I here faulty — uttered she with difficulty

Павел Петрович приподнялся.
Pavel Petrovitch rose

— Вы не виноваты? Нет? Нисколько?
— You not guilty No Not a bit

— Я Николая Петровича одного на свете люблю и век любить
— I Nicholas Petrovich only on (the) world love and century to love

буду! — проговорила с внезапною силой Фенечка, между тем как
will — spoke with sudden force Fenechka between that as

рыданья так и поднимали ее горло, — а что вы видели, так я
sobs so and lifted her (the) throat — and what you saw so I

на Страшном суде скажу, что вины моей в том нет и не было,
on Scary court will tell that (of) guilt mine in that none and not was

и уж лучше мне умереть сейчас, коли меня в таком деле
and already better to me to die now if me in such case

подозревать могут, что я перед моим благодетелем, Николаем
suspect can that I before my benefactor Nicholas

Петровичем...
Petrovich

Но тут голос изменил ей, и в то же время она почувствовала,
But here (the) voice changed her and in this very time she felt

что Павел Петрович ухватил и стиснул ее руку... Она посмотрела на
that Pavel Petrovitch grasped and gripped her hand She looked at

него, и так и окаменела. Он стал еще бледнее прежнего; глаза
him and so also petrified He started still paler than before (the) eyes

его блистали, и, что всего было удивительнее, тяжелая, одинокая слеза
him shone and what all was more surprising heavy (a) solitary tear

катилась по его щеке.
flowed on his cheek

— Фенечка! — сказал он каким-то чудным шепотом, — любите, любите
— Fenechka — said he (in) some marvelous whisper — love love

моего брата! Он такой добрый, хороший человек! Не изменяйте ему
my brother He (is) such (a) good good man Not exchange to him

ни для кого на свете, не слушайте ничьих речей! Подумайте,
not for whomever on (the) world not listen to nobody's speech Think about it

что может быть ужаснее, как любить и не быть любимым! Не
what can be more horrible as to love and not be beloved Not

покидайте никогда моего бедного Николая!
leave never my poor Nicholas

Глаза высохли у Фенечки, и страх ее прошел, до того велико
(The) eyes dried up with Fenechka and fear her ran through until that great

было ее изумление. Но что сталось с ней, когда Павел Петрович,
was her consternation But what happened with her when Pavel Petrovitch

сам Павел Петрович прижал ее руку к своим губам и так и
himself Pavel Petrovitch pressed her (the) hand to his lips and so also

приник к ней, не целуя ее и только изредка судорожно
pressed close to her not kissing her and only occasionally convulsively

вздыхая...
sighing

«Господи! — подумала она, — уж не припадок ли с ним?..»
Jesus — thought she — already not seizure maybe with him

А в это мгновение целая погибшая жизнь в нем трепетала.
And in this moment (a) whole deceased life in him fluttered

Лестница заскрипела под быстрыми шагами... Он оттолкнул ее от
The stairs began to gnash under swift steps He pushed off her from

себя прочь и откинулся головой на подушку. Дверь
himself away and leaned back (with the) head on (the) pillow (The) door

растворилась — и веселый, свежий, румяный появился Николай
opened — and merry fresh ruddy appeared Nikolai

Петрович. Митя, такой же свежий и румяный, как и отец,
Petrovitch Mitya such then fresh and ruddy like also (the) father

подпрыгивал в одной рубашечке на его груди, цепляясь голыми
bounced in only shirt on his chest clinging naked

ножками за большие пуговицы его деревенского пальто.
with little legs onto (the) big buttons (of) his rustic overcoat

Фенечка так и бросилась к нему и, обвив руками и его
Fenechka so also rushed to him and wrapping around (her) arms and him

и сына, припала головой к его плечу. Николай Петрович
and (the) son fell down (with the) head to his shoulder Nikolai Petrovitch

удивился: Фенечка, застенчивая и скромная, никогда не ласкалась к
got surprised Fenechka shy and modest never not caressed to

нему в присутствии третьего лица.
him in (the) presence (of a) third face

— Что с тобой? — промолвил он и, глянув на брата, передал
— What with you — uttered he and looking at (the) brother handed over

ей Митю. — Ты не хуже себя чувствуешь? — спросил он, подходя к
her Mitya — You not worse yourself (you) feel — asked he coming up to

Павлу Петровичу.
Paul Petrovitch

Тот уткнул лицо в батистовый платок.
That one buried (the) face in (the) cambric shawl

— Нет... так... ничего... Напротив, мне гораздо лучше.
— No so nothing On (the) contrary to me much better

— Ты напрасно поспешил перейти на диван. Ты куда? — прибавил
— You in vain hurried to cross on (the) couch You where — added

Николай Петрович, оборачиваясь к Фенечке; но та уже захлопнула
Nikolai Petrovitch turning around to Fenechka but that one already slammed

за собою дверь. — Я было принес показать тебе моего богатыря,
behind herself (the) door — I was brought to show to you my bogatyr

он соскучился по своем дяде. Зачем это она унесла его? Однако
he missed -on- his uncle Why this she took away him However

что с тобой? Произошло у вас тут что-нибудь, что ли?
what with you Occurred with you here something that whether

— Брат! — торжественно проговорил Павел Петрович.
— Brother — solemnly spoke Pavel Petrovitch

Николай Петрович дрогнул. Ему стало жутко, он сам не понимал
Nikolai Petrovitch trembled To him became eery he himself not understood

почему.
why

— Брат, — повторил Павел Петрович, — дай мне слово исполнить
— Brother — repeated Pavel Petrovitch — give to me word to carry out

одну мою просьбу.
sole my request

— Какую просьбу? Говори.
— Which request Say

— Она очень важна; от нее, по моим понятиям, зависит все счастье
— She very important from her on my meaning depends all happiness

твоей жизни. Я все это время много размышлял о том, что я
(of) your life I all this time much reflected about that what I

хочу теперь сказать тебе... Брат, исполни обязанность твою, обязанность
want now to say to you Brother fulfill duty yours (the) duty

честного и благородного человека, прекрати соблазн и дурной
(of an) honest and noble man stop temptation and (a) bad

пример, который подается тобою, лучшим из людей!
example which is served (by) you (the) best of people

— Что ты хочешь сказать, Павел?
— What you want to say Pavel

— Женись на Фенечке... Она тебя любит, она — мать твоего сына.
— Marry to Fenechka She you loves she — (the) mother (of) your son

Николай Петрович отступил на шаг и всплеснул руками.
Nikolai Petrovitch retreated on (a) step and flung out (his) arms

— Ты это говоришь, Павел? ты, которого я считал всегда самым
— You this say Pavel you which I counted always (the) most

непреклонным противником подобных браков! Ты это говоришь! Но
adamant opponent (of) similar marriages You this say But

разве ты не знаешь, что единственно из уважения к тебе я не
perhaps you not know that only from respect to you I not

исполнил того, что ты так справедливо назвал моим долгом!
fulfilled that what you so correctly called my duty

— Напрасно ж ты уважал меня в этом случае, — возразил с
— In vain then you adored me in this case — objected with

унылою улыбкою Павел Петрович. — Я начинаю думать, что Базаров
dreary smile Pavel Petrovitch — I start to think that Bazarov
am starting

был прав, когда упрекал меня в аристократизме. Нет, милый брат,
was right when (he) rebuked me in aristocracy No dear brother

полно нам ломаться и думать о свете: мы люди уже старые
enough to us break down and to think about (the) world we people already old

и смирные; пора нам отложить в сторону всякую суету. Именно, как
and humble time to us postpone in side all fuss Exactly like

ты говоришь, станем исполнять наш долг; и посмотри, мы еще и
you say let's become to fulfill our debt and look we even also
let's start

счастье получим в придачу.
happiness get in addition

Николай Петрович бросился обнимать своего брата.
Nikolai Petrovitch threw himself to embrace his brother

— Ты мне окончательно открыл глаза! — воскликнул он. — Я
— You to me definitively opened (the) eyes — exclaimed he — I

недаром всегда утверждал, что ты самый добрый и умный человек
not right always asserted that you (the) most good and intelligent man

в мире; а теперь я вижу, что ты такой же благоразумный, как
in (the) world but now I see that you such then prudent as
are as

и великодушный.
also generous

— Тише, тише, — перебил его Павел Петрович. — Не развереди ногу
— Quiet quiet — interrupted him Pavel Petrovitch — Not spread out (the) leg
move

твоего благоразумного брата, который под пятьдесят лет дрался на
(of) your prudent brother who at fifty years fought in

дуэли, как прапорщик. Итак, это дело решенное: Фенечка будет моею...
(a) duel like (an) ensign Thus this matter (is) resolved Fenechka will be my

belle-soeur.
beautiful-sister
sister in-law (French)

— Дорогой мой Павел! Но что скажет Аркадий?
— Dear my Pavel But that will say Arkady

— Аркадий? Он восторжествует, помилуй! Брак не в его принсипах,
— Arkady He will prevail have mercy Marriage not in his principles

зато чувство равенства будет в нем польщено. Да и действительно,
instead (the) feeling (of) parity will be in him flattered Yes and really

что за касты au dix-neuvième siècle?
what for castes in the nineteenth century
(French)

— Ах, Павел, Павел! дай мне еще раз тебя поцеловать. Не бойся, я
— Ah Pavel Pavel give to me still time you to kiss Not be afraid I

осторожно.
will be careful

Братья обнялись.
(The) brothers embraced

— Как ты полагаешь, не объявить ли ей твое намерение теперь
— As you presume not to declare whether her your intention now

же? — спросил Павел Петрович.
then — asked Pavel Petrovitch

— К чему спешить? — возразил Николай Петрович. — Разве у вас
— To what hurry — objected Nikolai Petrovitch — Perhaps with you

был разговор?
was (a) conversation

— Разговор у нас? Quelle idée!
— Conversation with us What idea
(French)

– Ну и прекрасно. Прежде всего выздоравливай, а это от нас не
– Well also wonderful Before all get well and this from us not

уйдет, надо подумать хорошенько, сообразить...
goes out necessary to think thoroughly to figure (it) out

– Но ведь ты решился?
– But indeed you decided

– Конечно, решился и благодарю тебя от души. Я теперь тебя
– Of course (I) decided myself and (I) thank you from (the) soul I now you

оставлю, тебе надо отдохнуть; всякое волнение тебе вредно... Но мы
leave to you necessary to rest all emotion to you bad But we

еще потолкуем. Засни, душа моя, и дай Бог тебе здоровья!
still will talk Fall asleep soul mine and give God to you health

«За что он меня так благодарит? – подумал Павел Петрович,
For what he me so thanks – thought Pavel Petrovitch

оставшись один. – Как будто это не от него зависело! А я, как
after remaining alone – As if this not from him depended But I how

только он женится, уеду куда-нибудь подальше, в Дрезден или во
just he marries will go away somewhere distant in Dresden or in

Флоренцию, и буду там жить, пока околею».
Florence and will there live until (I) die

Павел Петрович помочил себе лоб одеколоном и закрыл
Pavel Petrovitch soaked himself (the) forehead (with) eau de cologne and covered

глаза. Освещенная ярким дневным светом, его красивая, исхудалая
(the) eyes Illuminated (with) vivid daytime light his beautiful gaunt

голова лежала на белой подушке, как голова мертвеца... Да он и
head was lying on (the) white pillow like (the) head (of a) deceased Yes he also

был мертвец.
was dead

XXV

Chapter 25

В Никольском, в саду, в тени высокого ясеня, сидели на
In Nikolsky in (the) garden in (the) shade (of a) tall ash sat on

дерновой скамейке Катя с Аркадием; на земле возле них
(a) turf bench Katya with Arkady on (the) ground near them

поместилась Фифи, придав своему длинному телу тот изящный поворот,
took a seat Fifi imparting (with) his long body that elegant turn

который у охотников слывет «русачьей полежкой». И Аркадий и
which with hunters reputes rusach's laying down And Arkady and

Катя молчали; он держал в руках полураскрытую книгу, а она
Katya kept silent he held in (the) hands (a) half-open book and she

выбирала из корзинки оставшиеся в ней крошки белого хлеба и
picked from (a) basket (the) remaining in her crumbs (of) white bread and

бросала их небольшой семейке воробьев, которые, с свойственной
threw them (to the) small family (of) sparrows which with intrinsic

им трусливою дерзостью, прыгали и чирикали у самых ее
(to) them cowardly audacity jumped and chirped at (the) very (of) her

ног. Слабый ветер, шевеля в листьях ясеня, тихонько двигал взад
feet (A) weak wind moving in (the) leaves (of the) ash silently moved backwards

и вперед, и по темной дорожке, и по желтой спине Фифи,
and forward and on (a) dark (little) path and on (the) yellow back (of) Fifi

бледно-золотые пятна света; ровная тень обливала Аркадия и Катю;
pale gold spots (of) light (an) even shade doused Arkady and Katya

только изредка в ее волосах зажигалась яркая полоска. Они молчали
only occasionally in her hair lit up (a) clear stripe They kept silent

оба; но именно в том, как они молчали, как они сидели
both but exactly in that as they kept silent as they sat

рядом, сказывалось доверчивое сближение; каждый из них как
next (to each other) manifested gullible rapprochement each of them as

будто и не думал о своем соседе, а втайне радовался его
if also not thought about their neighbor and secretly was glad (by) their

близости. И лица их изменились с тех пор, как мы их
closeness And (the) face (of) them had changed from those times as we them

видели в последний раз: Аркадий казался спокойнее, Катя оживленнее,
saw in (the) last time Arkady seemed calmer Katya livelier

смелей.
bolder

— Не находите ли вы, — начал Аркадий, — что ясень по-русски
— Not find maybe you — began Arkady — that ash in russian

очень хорошо назван: ни одно дерево так легко и ясно не
(is) very well named not one tree so easily and clear -not-

сквозит на воздухе, как он.
shows through in (the) air as he

Катя подняла глаза кверху и промолвила: «Да», а Аркадий
Katya raised (the) eyes upwards and said yes and Arkady

подумал: «Вот эта не упрекает меня за то, что я красиво
thought see this (one) not rebukes me for this that I beautifully

выражаюсь».
express myself

— Я не люблю Гейне, — заговорила Катя, указывая глазами на
— I not love Heine — said Katya indicating (with her) eyes on

книгу, которую Аркадий держал в руках, — ни когда он смеется,
(the) book which Arkady held in (the) hands — not when he laughs

ни когда он плачет; я его люблю, когда он задумчив и грустит.
not when he weeps I him love when he is deep in thought and saddens

— А мне нравится, когда он смеется, — заметил Аркадий.
— And to me (it) pleases when he laughs — noted Arkady

— Это в вас еще старые следы вашего сатирического направления...
— This in you still old traces (of) your satirical direction

(«Старые следы! – подумал Аркадий. – Если б Базаров это
Old traces – thought Arkady – If would Bazarov this

слышал!») Погодите, мы вас переделаем.
heard (Just) Wait we you remake

– Кто меня переделает? Вы?
– Who me remakes You

– Кто? – Сестра; Порфирий Платонович, с которым вы уже не
– Who – (The) sister Porfiry Platonovich with who you already not

ссоритесь; тетушка, которую вы третьего дня проводили в церковь.
yourself quarrel (the) aunt who you (the) third day escorted to church

– Не мог же я отказаться! А что касается до Анны Сергеевны,
– Not could then I refuse And what concerns to Anna Sergeyevna

она сама, вы помните, во многом соглашалась с Евгением.
she herself you remember in much agreed with Eugene

– Сестра находилась тогда под его влиянием, так же как и вы.
– (The) sister was then under his influence so then as also you

– Как и я! Разве вы замечаете, что я уже освободился из-под
– As also I Perhaps you notice that I already released myself from under

его влияния?
his influence

Катя промолчала.
Katya remained silent

– Я знаю, – продолжал Аркадий, – он вам никогда не нравился.
– I know – continued Arkady – he to you never not was liked

– Я не могу судить о нем.
– I not can judge about him

– Знаете ли что, Катерина Сергеевна? Всякий раз, когда я слышу
– Knows maybe that Katerina Sergeyevna Every time when I hear

этот ответ, я ему не верю... Нет такого человека, о котором
this answer I to him not believe (There is) not such (a) man about whom

каждый из нас не мог бы судить! Это просто отговорка.
each one of us not could would judge This simply (is an) excuse

— Ну, так я вам скажу, что он... не то что мне не нравится, а
— Well so I to you will tell that he not this what to me not pleases and

я чувствую, что и он мне чужой, и я ему чужая... да и вы
I felt that and he to me (a) stranger and I to him (a) stranger yes and you

ему чужой.
to him (a) stranger

— Это почему?
— This why

— Как вам сказать... Он хищный, а мы с вами ручные.
— How to you to say He predatory and we with you manual (domestic)
wild tame

— И я ручной?
— And I (am) domesticated

Катя кивнула головой.
Katya nodded (with the) head

Аркадий почесал у себя за ухом.
Arkady scratched with himself behind (the) ear

— Послушайте, Катерина Сергеевна: ведь это, в сущности, обидно.
— Listen Katerina Sergeyevna indeed this in essence (is) offensive

— Разве вы хотели бы быть хищным?
— Perhaps you wanted would be predatory

— Хищным нет, но сильным, энергическим.
— Predatory no but strong energetic

— Этого нельзя хотеть... Вот ваш приятель этого и не хочет, а в
— This impossible to want Here your friend this also not wants and in

нем это есть.
him this is

— Гм! Так вы полагаете, что он имел большое влияние на Анну
— Hm So you believe that he had (a) big influence on Anna

Сергеевну?
Sergeyevna

— Да. Но над ней никто долго взять верх не может, — прибавила
— Yes But over her nobody long to take top not can — added

Катя вполголоса.
Katya in a low voice

— Почему вы это думаете?
— Why you this think

— Она очень горда... я не то хотела сказать... она очень дорожит
— She (is) very proud I not then wanted to say she much cherishes

своею независимостью.
her independence

— Кто же ею не дорожит? — спросил Аркадий, а у самого
— Who then her not cherishes — asked Arkady and at (the) same (moment)

в уме мелькнуло: «На что она?» — «На что она?» — мелькнуло
in (the) mind flashed In what she — In what she — flashed
Why mention her

и у Кати. Молодым людям, которые часто и дружелюбно
also with Katya (With the) young people who often and friendly

сходятся, беспрестанно приходят одни и те же мысли.
go together incessantly come some also those same thoughts

Аркадий улыбнулся и, слегка придвинувшись к Кате, промолвил
Arkady smiled and slightly inching to Katya uttered

шепотом:
in a whisper

— Сознайтесь, что вы немножко ее боитесь.
— Confess that you a little her fear

— Кого?
— Whom

— Ее, — значительно повторил Аркадий.
— Her — meaningfully repeated Arkady

— А вы? — в свою очередь спросила Катя.
— And you — in her turn asked Katya

— И я; заметьте, я сказал: и я.
— Also I (You) notice I said also I

Катя погрозила ему пальцем.
Katya threatened to him (with the) finger

— Это меня удивляет, — начала она, — никогда сестра так не была
— This me (it) astonishes — began she — never (the) sister so not was

расположена к вам, как именно теперь, гораздо больше, чем в первый
laid out to to you as exactly now much more than in (the) first
(nicely) behaved

ваш приезд.
(of) your arrival

— Вот как!
— Here how

— А вы этого не заметили? Вас это не радует?
— And you this not noticed You this not rejoices

Аркадий задумался.
Arkady thought

— Чем я мог заслужить благоволение Анны Сергеевны? Уж не
— With what I could earn favor (of) Anna Sergeyevna Already not

тем ли, что привез ей письма вашей матушки?
that maybe that (I) brought her (the) letter (of) your mother

— И этим, и другие есть причины, которых я не скажу.
— And with that and others is (the) reason which I not will tell

— Это почему?
— This why

— Не скажу.
— Not will tell

— О! я знаю: вы очень упрямы.
— Oh I know you (are) very stubborn

— Упряма.
— Stubborn

— И наблюдательны.
— And observant

Катя посмотрела сбоку на Аркадия.
Katya looked from the side on Arkady

— Может быть, вас это сердит? О чем вы думаете?
— Can be you this angers About what you think

— Я думаю о том, откуда могла прийти вам эта
— I think about that from where could come to you this

наблюдательность, которая действительно есть в вас. Вы так пугливы,
observation which really is in you You (are) so timid

недоверчивы; всех чуждаетесь...
distrustful everything alienates (you)

— Я много жила одна: поневоле размышлять станешь. Но разве я
— I much lived alone unwilling to reflect (you) become But perhaps I

всех чуждаюсь?
everyone alienated

Аркадий бросил признательный взгляд на Катю.
Arkady threw (a) grateful glance on Katya

— Все это прекрасно, — продолжал он, — но люди в вашем
— All this (is) wonderful — continued he — but people in your

положении, я хочу сказать с вашим состоянием, редко владеют этим
position I want to say with your state rarely possess that

даром; до них, как до царей, истине трудно дойти.
gift to them as to tsars (the) truth (is) difficult to reach

— Да ведь я не богатая.
— Yes indeed I (am) not rich

Аркадий изумился и не сразу понял Катю. «И в самом деле,
Arkady marveled and not at once understood Katya and in (the) very case

имение-то все сестрино!» — пришло ему в голову; эта мысль ему
estate-this all sisterly of the sister — came to him in (the) head this thought to him

не была неприятна.
not was unpleasant

— Как вы это хорошо сказали! — промолвил он.
— How you this good said — uttered he

— А что?
— And what

— Сказали хорошо; просто, не стыдясь и не рисуясь. Кстати: я
— (You) said (it) good simply not ashamed and not drawing pretending By the way I

воображаю, в чувстве человека, который знает и говорит, что он
imagine in feeling man who knows and says that he

беден, должно быть что-то особенное, какое-то своего рода тщеславие.
(is) poor must be something special some-then its own kind (of) vanity

— Я ничего этого не испытала по милости сестры; я упомянула
— I nothing of this not experienced on kindness (of the) sister I mentioned

о своем состоянии только потому, что к слову пришлось.
about her state only therefore that to (the) word came upon

— Так; но сознайтесь, что и в вас есть частица того тщеславия,
— So but confess that also in you is (a) little part (of) that vanity

о котором я сейчас говорил.
about which I now spoke

— Например?
— For example

— Например, ведь вы, — извините мой вопрос, — вы бы не
— For example indeed you — excuse my question — you would not

пошли замуж за богатого человека?
went for-husband for (a) rich man
marry

— Если б я его очень любила... Нет, кажется, и тогда бы не
— If would I him much loved No (it) seems and then would not

пошла.
went

— А! вот видите! — воскликнул Аркадий и, погодя немного,
— And here see — exclaimed Arkady and later a little

прибавил: — А отчего бы вы за него не пошли?
added — And why would you for him not went

— Оттого, что и в песне про неровнюшку поется.
— From-this that also in song about uneven (relationships) is sung

— Вы, может быть, хотите властвовать или...
— You can be (you) want to dominate or

— О нет! к чему это? Напротив, я готова покоряться, только
— Oh no to what this On (the) contrary I (am) ready to submit myself only

неравенство тяжело. А уважать себя и покоряться — это я
inequality (is) difficult And to respect myself and submit myself — this I

понимаю; это счастье; но подчиненное существование... Нет, довольно
understand this (is) happiness but (a) subordinate existence No rather

и так.
also so

— Довольно и так, — повторил за Катей Аркадий. — Да, да, —
— Rather also so — repeated for Katya Arkady — Yes yes —

продолжал он, — вы недаром одной крови с Анной Сергеевной; вы
continued he — you not in vain justly one are one blood in blood with Anna Sergeyevna you

так же самостоятельны, как она; но вы более скрытны. Вы, я
so then are similarly independent as she but you (are) more secretive You I

уверен, ни за что первая не выскажете своего чувства, как бы
am convinced not for that first (one) not speak out your feeling as would

оно ни было сильно и свято...
it not was strongly and sacredly

— Да как же иначе? — спросила Катя.
— Yes how then otherwise — asked Katya

— Вы одинаково умны; у вас столько же, если не больше,
— You (are) uniquely clever with you so many then if not more

характера, как у ней...
character as with her

— Не сравнивайте меня с сестрой, пожалуйста, — поспешно перебила
— Not compare me with (my) sister please — in a hurry interrupted

Катя, — это для меня слишком невыгодно. Вы как будто забыли, что
Katya — this for me too unprofitable You as if forgot that

сестра и красавица, и умница, и... вам в особенности, Аркадий
(the) sister also (is a) beauty and (a) clever girl and to you in particular Arkady

Николаевич, не следовало бы говорить такие слова, и еще с
Nikolayevich not (it) followed would to talk such words and still with

таким серьезным лицом.
such (a) serious face

— Что значит это: вам в особенности, — и из чего вы
— What means this to you in particular — and from what you

заключаете, что я шучу?
conclude that I joke

— Конечно, вы шутите.
— Of course you joke

— Вы думаете? А что, если я убежден в том, что я говорю?
— You think And what if I (am) convinced in that what I say

Если я нахожу, что я еще не довольно сильно выразился?
If I find that I still not rather strongly expressed

— Я вас не понимаю.
— I you not understand

— В самом деле? Ну, теперь я вижу: я точно слишком превозносил
— In (the) very case Well now I see I as if too much extolled

вашу наблюдательность.
your observation

— Как?
— How

Аркадий ничего не ответил и отвернулся, а Катя отыскала в
Arkady nothing not answered and turned away and Katya found in

корзинке еще несколько крошек и начала бросать их воробьям;
(the) basket still several crumbs and began to throw them (to the) sparrows

но взмах ее руки был слишком силен, и они улетали прочь,
but (the) swing (of) her hands was too strong and they flew away aside

не успевши клюнуть.
not in time to bite

— Катерина Сергеевна! — заговорил вдруг Аркадий, — вам это,
— Katerina Sergeyevna — spoke suddenly Arkady — to you this

вероятно, все равно: но знайте, что я вас не только на вашу
probably all (is the) same but know that I you not only for your

сестру, — ни на кого в свете не променяю.
sister — not for whomever in (the) world not will exchange
would trade

Он встал и быстро удалился, как бы испугавшись слов,
He got up and quickly distanced himself as would (the) frightening words
went away

сорвавшихся у него с языка.
broke away with him from (the) tongue

А Катя уронила обе руки вместе с корзинкой на колени и,
And Katya dropped both hands together with (the) basket on (the) knees and

наклонив голову, долго смотрела вслед Аркадию. Понемногу алая
tilting (the) head long looked after Arkady Little by little (a) scarlet
Gradually

краска чуть-чуть выступила на ее щеки; но губы не улыбались, и
blush bit by bit stepped out on her cheeks but (the) lips not smiled and
slightly

темные глаза выражали недоумение и какое-то другое, пока еще
(the) dark eyes expressed bewilderment and some-then other while still
for now

безымянное чувство.
nameless feeling

— Ты одна? — раздался возле нее голос Анны Сергеевны. —
— You alone — rang out near her (the) voice (of) Anna Sergeyevna —

Кажется, ты пошла в сад с Аркадием.
(It) seems you went into (the) garden with Arkady

Катя не спеша перевела свои глаза на сестру (изящно, даже
Katya not in a hurry led her eyes on (the) sister gracefully even

изысканно одетая, она стояла на дорожке и кончиком раскрытого
exquisitely dressed she stood on (the little) path and (the) tip disclosed

зонтика шевелила уши Фифи) и не спеша промолвила:
(of an) umbrella raised (the) ears (of) Fifi and not in a hurry said

— Я одна.
— I alone

— Я это вижу, — отвечала та со смехом, — он, стало быть,
— I this see — answered that one with laughter — he became to be
it seems

ушел к себе?
went out to himself

— Да.

— Yes

— Вы вместе читали?

— You together read

— Да.

— Yes

Анна Сергеевна взяла Катю за подбородок и приподняла ее лицо.

Anna Sergeyevna took Katya by (the) chin and lifted her face

— Вы не поссорились, надеюсь?

— You not quarrelled (I) hope

— Нет, — сказала Катя и тихо отвела сестрину руку.

— No — said Katya and quietly took away (the) sister's hand

— Как ты торжественно отвечаешь! Я думала найти его здесь и

— How you solemnly answer I thought to find him here and

предложить ему пойти гулять со мною. Он сам меня все просит

to propose to him to go to walk with me He himself me all requested

об этом. Тебе из города привезли ботинки, поди примерь

about this To you from (the) town brought little boots high lace-boots come along try on

их: я уже вчера заметила, что твои прежние совсем износились.

them I already yesterday noticed that your previous (ones) entirely are worn out

Вообще ты не довольно этим занимаешься, а у тебя еще такие

In general you not willingly with that are occupied and with you still such

прелестные ножки! И руки твои хороши... только велики; так

lovely little feet And (the) hands yours (are) good only great so

надо ножками брать. Но ты у меня не кокетка.

necessary with little legs to take But you with me not coquette

Анна Сергеевна отправилась дальше по дорожке, слегка шумя своим

Anna Sergeyevna set out further on (the little) path slightly rustling her

красивым платьем; Катя поднялась со скамейки и, взяв с собою

beautiful dress Katya rose from (the) little bench and taking with herself

Гейне, ушла тоже — только не примерять ботинки.

Heine left also — only not to try on little boots high lace-boots

«Прелестные ножки, — думала она, медленно и легко всходя по
Adorable little feet — thought she slowly and easily rising going up on

раскаленным от солнца каменным ступеням террасы, — прелестные
(the) red-hot from (the) sun stone steps (of the) terrace — adorable

ножки, говорите вы... Ну, он и будет у них».
little feet say you Well he also will be with them

Но ей тотчас стало стыдно, и она проворно побежала вверх.
But her immediately became ashamed and she quickly ran upward

Аркадий пошел по коридору к себе в комнату; дворецкий нагнал
Arkady went on (the) corridor to himself in (the) room (the) butler caught up

его и доложил, что у него сидит господин Базаров.
him and reported that with him sits sir Bazarov

— Евгений! — пробормотал почти с испугом Аркадий, — давно
— Eugene — muttered almost with fright Arkady — long ago

ли он приехал?
whether he arrived

— Сию минуту пожаловали и приказали о себе Анне Сергеевне
— This minute (they) have arrived and (they) ordered about himself Anna Sergeyevna

не докладывать, а прямо к вам себя приказали провести.
not to report and directly to you himself (they) ordered to conduct

«Уж не несчастье ли какое у нас дома? — подумал Аркадий и,
Already not misfortune maybe some with us at home — thought Arkady and

торопливо взбежав по лестнице, разом отворил дверь. Вид
hurriedly running up on (the) stairs at once opened (the) door (The) sight

Базарова тотчас его успокоил, хотя более опытный глаз, вероятно,
(of) Bazarov immediately him soothed although more experienced eyes probably

открыл бы в энергической по-прежнему, но осунувшейся фигуре
opened would -in- energetically as before but (the) gaunt figure

нежданного гостя признаки внутреннего волнения. С пыльною
(of the) unexpected guest (were) signs (of the) inner emotion With dusty

шинелью на плечах, с картузом на голове, сидел он на
overcoat on (the) shoulders with cartouche on (the) head sat he in

оконнице; он не поднялся и тогда, когда Аркадий бросился с
(the) window he not got up also then when Arkady threw himself with

шумными восклицаниями к нему на шею.
noisy exclamations to him on (the) neck

— Вот неожиданно! Какими судьбами! — твердил он, суетясь по
— Here unexpectedly By what fates — said he fussing on

комнате, как человек, который и сам воображает и желает
(the) room like (a) man who also himself imagines and wishes

показать, что он радуется. — Ведь у нас все в доме
to show that he became glad — Indeed with us all in (the) house

благополучно, все здоровы, не правда ли?
safe all healthy not true whether

— Все у вас благополучно, но не все здоровы, — проговорил
— All with you safe but not all healthy — spoke

Базаров. — А ты не тараторь, вели принести мне квасу, присядь и
Bazarov — And you not chatterbox order fetch to me kvass sit down and

слушай, что я тебе сообщу в немногих, но, надеюсь, довольно сильных
listen that I to you let know in (of) few but (I) hope rather great

выражениях.
expressions

Аркадий притих, а Базаров рассказал ему свою дуэль с Павлом
Arkady grew quiet and Bazarov told to him his duel with Pavel

Петровичем. Аркадий очень удивился и даже опечалился; но не
Petrovich Arkady much got surprised and even saddened but not

почел нужным это выказать; он только спросил, действительно
considered (it) necessary this to expose he only asked really

ли не опасна рана его дяди? и, получив ответ, что она —
whether not dangerous (the) wound (of) his uncle and receiving answer that she —

самая интересная, только не в медицинском отношении, принужденно
(the) most interesting only not in medical relations forced

улыбнулся, а на сердце ему и жутко сделалось, и как-то
smiled and on (the) heart to him also eery itself became and somehow

стыдно. Базаров как будто его понял.
ashamed Bazarov as if him understood

— Да, брат, — промолвил он, — вот что значит с феодалами
— Yes brother — uttered he — see here what (it) means with feudal lords

пожить. Сам в феодалы попадешь и в рыцарских турнирах
to live Oneself in feudal things (you) fall and in chivalric tournaments

участвовать будешь. Ну-с, вот я и отправился к «отцам», — так
participate (you) will Well sir here I also directed myself to (the) father — so

заключил Базаров, — и на дороге завернул сюда... чтобы все это
concluded Bazarov — and on (the) road wrapped here in order that all this
dropped in

передать, сказал бы я, если б я не почитал бесполезную ложь —
over-give said would I if would I not read up (a) useless lie —
to render

глупостью. Нет, я завернул сюда — черт знает зачем. Видишь ли,
(some) foolishness No I wrapped here — devil knows why (You) see perhaps
dropped in

человеку иногда полезно взять себя за волосы да выдернуть
(a) man sometimes (is) successful to take himself by (the) hairs yes to pull out

себя вон, как редьку из гряды; это я совершил на днях...
himself there like (a) radish from (the) ridge this I committed on (the other) day
(the garden) bed managed to do(the first time I was here)

Но мне захотелось взглянуть еще раз на то, с чем я расстался, на
But to me (is) wanted to glance still once at this with what I parted from in

ту гряду, где я сидел.
that ridge where I sat
(garden) bed

— Я надеюсь, что эти слова ко мне не относятся, — возразил с
— I hope that these words to me not relate — objected with

волнением Аркадий, — я надеюсь, что ты не думаешь расстаться со
excitement Arkady — I hope that you not think to separate with

мной.
me

Базаров пристально, почти пронзительно взглянул на него.
Bazarov fixedly almost piercingly looked at him

— Будто это так огорчит тебя? Мне сдается, что ты уже расстался
— Would this so grieve you To me yields that you already parted

со мною. Ты такой свеженький да чистенький... должно быть, твои
from me You so fresh and clean must be your

дела с Анной Сергеевной идут отлично.
business with Anna Sergeyevna goes very well

— Какие мои дела с Анной Сергеевной?
— What my business with Anna Sergeyevna

— Да разве ты не для нее сюда приехал из города, птенчик?
— Yes perhaps you not for her here arrived from (of the) town chicklet

Кстати, как там подвизаются воскресные школы? Разве ты не
By the way how there are moving forward (the) Sunday schools Perhaps you not

влюблен в нее? Или уже тебе пришла пора скромничать?
are in love with her Or already to you came time to be humble

— Евгений, ты знаешь, я всегда был откровенен с тобою; могу тебя
— Eugene you know I always was frank with you (I) can you

уверить, божусь тебе, что ты ошибаешься.
assure (I) swear to you that you are wrong

— Гм! Новое слово, — заметил вполголоса Базаров. — Но тебе не для
— Hm New word — noted in half voice (in a low voice) Bazarov — But to you not for (don't)

чего горячиться, мне ведь это совершенно все равно. Романтик
what (no reason) get hot (get angry) to me indeed this completely all (the) same Romantic

сказал бы: я чувствую, что наши дороги начинают расходиться, а я
said would (I would say) I felt that our ways begin to come apart and I

просто говорю, что мы друг другу приелись.
simply say that we (of) each other got bored

— Евгений...
— Eugene

— Душа моя, это не беда; то ли еще на свете
— Soul mine this (is) not (a) misfortune then whether still on (the) world

приедается! А теперь, я думаю, не проститься ли нам? С
(it) gets boring And now I think not to pardon ourselves (to part) maybe to us From

тех пор как я здесь, я препакостно себя чувствую, точно начитался
those times as I here I disgusting myself felt as if (I) read

писем Гоголя к калужской губернаторше. Кстати ж, я не велел
letters (from) Gogol to (the) Kaluga governor By the way then I not ordered

откладывать лошадей.
to unharness (the) horses

— Помилуй, это невозможно!
— Have mercy this (is) impossible

— А почему?
— And why

— Я уже не говорю о себе; но это будет в высшей степени
— I already not talk about myself but this will be in (a) higher level

невежливо перед Анной Сергеевной, которая непременно пожелает тебя
rude before Anna Sergeyevna who without fail wishes you

видеть.
to see

— Ну, в этом ты ошибаешься.
— Well in this you are wrong

— А я, напротив, уверен, что я прав, — возразил Аркадий. —
— And I on (the) contrary am convinced that I (am) right — objected Arkady —

И к чему ты притворяешься? Уж коли на то пошло, разве ты
And to what you are pretending Already if on this (it) went perhaps you

сам не для нее сюда приехал?
yourself not for her here arrived

— Это, может быть, и справедливо, но ты все-таки ошибаешься.
— This can be also correct but you all-so nonetheless are wrong

Но Аркадий был прав. Анна Сергеевна пожелала повидаться с
But Arkady was right Anna Sergeyevna wished to see herself to meet with

Базаровым и пригласила его к себе через дворецкого. Базаров
Bazarov and invited him to himself through (the) butler Bazarov

переоделся, прежде чем пошел к ней: оказалось, что он уложил
changed before with what that (he) went to her turned out that he laid down

свое новое платье так, что оно было у него под рукою.
his new dress so that it was with him under (the) hand

Одинцова его приняла не в той комнате, где он так неожиданно
Odintsova him took not in that room where he so unexpectedly

объяснился ей в любви, а в гостиной. Она любезно
explained himself her in love but in (the) drawing-room She curiously
declared himself to be with her

протянула ему кончики пальцев, но лицо ее выражало
stretched out to him (the) tips (of the) fingers but (the) face (of) her expressed

невольное напряжение.
involuntary tension

— Анна Сергеевна, — поторопился сказать Базаров, — прежде всего я
— Anna Sergeyevna — hurried to say Bazarov — before all I

должен вас успокоить. Перед вами смертный, который сам давно
must you reassure Before you (stands a) mortal who -himself- long ago

опомнился и надеется, что и другие забыли его глупости. Я
came to his senses and hoped that also others forgot his stupidities I

уезжаю надолго, и согласитесь, хоть я и не мягкое существо,
go away long and (you will) agree might as well I also not (am a) soft creature

но мне было бы невесело унести с собою мысль, что вы
but to me was would not fun to carry away with myself (the) thought that you

вспоминаете обо мне с отвращением.
remember about me with disgust

Анна Сергеевна глубоко вздохнула, как человек, только что
Anna Sergeyevna deeply sighed like (a) person (who) just that

взобравшийся на высокую гору, и лицо ее оживилось улыбкой.
climbed on (a) high mountain and face her revived (with a) smile

Она вторично протянула Базарову руку, и отвечала на его
She (a) second time stretched out (to) Bazarov (the) hand and answered at his

пожатие.
grip

— Кто старое помянет, тому глаз вон, — сказала она, —
— Who (the) old (things) will remember that (the) eyes there — said she —

тем более что, говоря по совести, и я согрешила тогда если не
with this more what saying on conscience also I sinned then if not

кокетством, так чем-то другим. Одно слово: будемте приятелями
coquetry so something else One word let's be friends

по-прежнему. То был сон, не правда ли? А кто же сны
like before This was (a) dream not true perhaps And who then dreams

помнит?
remembers

— Кто их помнит? Да притом любовь... ведь это чувство
— Who them remembers Yes besides love indeed this (is a) feeling

напускное.
contrived

— В самом деле? Мне очень приятно это слышать.
— In (the) very case To me (it is) very pleasant this to hear

Так выражалась Анна Сергеевна, и так выражался Базаров; они
So expressed herself Anna Sergeyevna and so expressed himself Bazarov they

оба думали, что говорили правду. Была ли правда, полная правда,
both thought that (they) said (the) truth Was maybe (the) truth (the) full truth

в их словах? Они сами этого не знали, а автор и
in their words They themselves this not knew and (the) author also

подавно. Но беседа у них завязалась такая, как будто они
indeed (doesn't) But (the) conversation with them knotted so as if they

совершенно поверили друг другу.
completely believed each other

Анна Сергеевна спросила, между прочим, Базарова, что он делал у
Anna Sergeyevna asked between other (things) Bazarov what he did at

Кирсановых? Он чуть было не рассказал ей о своей дуэли с
(the) Kirsanovs He just -was- not told her about his duel with

Павлом Петровичем, но удержался при мысли, как бы она не
Pavel Petrovich but restrained himself with (the) thought how would she not

подумала, что он интересничает, и отвечал ей, что он
thought that he (should be) interesting (because of that) and answered her that he

все это время работал.
all this time worked

— А я, — промолвила Анна Сергеевна, — сперва хандрила, Бог знает
— And I — said Anna Sergeyevna — first moping God knows

отчего, даже за границу собиралась, вообразите!.. Потом это прошло;
why even for (the) border abroad was getting ready imagine Then this passed

ваш приятель, Аркадий Николаич, приехал, и я опять попала в свою
your friend Arkady Nikolaich arrived and I again fell in my

колею, в свою настоящую роль.
track usual life in my real role

— В какую это роль, позвольте узнать?
— In which (consists) this role allow (me) to find out

— Роль тетки, наставницы, матери, как хотите назовите. Кстати,
— (The) role (of the) aunt mentor mother how (you) want (to) name (it) By the way

знаете ли, что я прежде хорошенько не понимала вашей тесной
know (you) perhaps that I before thoroughly not understood your close

дружбы с Аркадием Николаичем; я находила его довольно
friendship with Arkady Nikolaich I found him rather

незначительным. Но теперь я его лучше узнала и убедилась, что он
insignificant But now I him better got to know and convinced that he

умен... А главное, он молод, молод... не то, что мы с
(is) wise And (the) main (thing) he (is) young young not (is) this what we with

вами, Евгений Васильич.
you (have) Eugene Vasilich

— Он все так же робеет в вашем присутствии? — спросил Базаров.
— He all so then is shy in your presence — asked Bazarov

— А разве... — начала было Анна Сергеевна и, подумав немного,
— And perhaps — began was Anna Sergeyevna and thinking a little

прибавила: — Теперь он доверчивее стал, говорит со мною. Прежде
added — Now he more trusting became talks with me Before

он избегал меня. Впрочем, и я не искала его общества. Они
he avoided me However also I not searched his company They

большие приятели с Катей.
(are) big friends with Katya

Базарову стало досадно. «Не может женщина не хитрить!» — подумал
Bazarov became annoyed Not can (a) woman not be sly — thought

он.
he

— Вы говорите, он избегал вас, — произнес он с холодною
— You say he avoided you — pronounced he with cold

усмешкой, — но, вероятно, для вас не осталось тайной, что он был в
grin — but probably for you not remained secret that he was in

вас влюблен?
you in love

— Как? и он? — сорвалось у Анны Сергеевны.
— How also he — snapped with (of) anna Sergeyevna

— И он, — повторил Базаров с смиренным поклоном. — Неужели
— And he — repeated Bazarov with humble bow — Really

вы этого не знали и я вам сказал новость?
you this not knew and I to you told news

Анна Сергеевна опустила глаза.
Anna Sergeyevna lowered (the) eyes

— Вы ошибаетесь, Евгений Васильич.
— You are mistaking yourself Eugene Vasilich

— Не думаю. Но, может быть, мне не следовало упоминать об
— Not (I) think (so) But can be to me not (it) followed to remind about
it was appropriate

этом. — «А ты вперед не хитри», — прибавил он про себя.
this — But you in forward not sly — added he for himself
will not be hypocrite with me

— Отчего не упоминать? Но я полагаю, что вы и тут придаете
— Why not reminded But I suppose that you also here impart

слишком большое значение мгновенному впечатлению. Я начинаю
(a) too big meaning (of an) instant impression I start

подозревать, что вы склонны к преувеличению.
to suspect that you (are) inclined to exaggeration

— Не будемте лучше говорить об этом, Анна Сергеевна.
— Not let's better talk about this Anna Sergeyevna
Better let's not

— Отчего же? — возразила она, а сама перевела разговор на
— Why then — objected she but herself led (the) conversation on

другую дорогу. Ей все-таки было неловко с Базаровым, хотя она
(an) other road Her all-so (it) was awkward with Bazarov although she
nonetheless

и ему сказала, и сама себя уверила, что все позабыто.
also to him said and self herself assured that everything (was) forgotten

Меняясь с ним самыми простыми речами, даже шутя с ним, она
Exchanging with him (the) very simple words even jokingly with him she

чувствовала легкое стеснение страха. Так люди на пароходе, в море,
felt (a) simple restraint (of) fear Like people on (a) steamship in (the) sea

разговаривают и смеются беззаботно, ни дать ни взять, как на
talk and laugh without-care not to give not to take like on
carefree

твердой земле; но случись малейшая остановка, появись малейший
solid earth but happens (the) smallest stop shows up (the) slightest

признак чего-нибудь необычайного, и тотчас же на всех лицах
sign (of) something extraordinary and immediately then on all (the) faces

выступит выражение особенной тревоги, свидетельствующее о
out-steps (an) expression particular (of) anxiety testifying about
appears

постоянном сознании постоянной опасности.
(the) permanent consciousness (of) constant danger

Беседа Анны Сергеевны с Базаровым продолжалась недолго.
(The) conversation (of) Anna Sergeyevna with Bazarov continued not long

Она начала задумываться, отвечать рассеянно и предложила ему,
She began to ponder to answer absent-mindedly and offered to him

наконец, перейти в залу, где они нашли княжну и Катю. «А
finally to cross in (the) hall where they found (the) princess and Katya But

где же Аркадий Николаич?» — спросила хозяйка и, узнав, что он
where then (is) Arkady Nikolaich — asked (the) host and recognizing that he

не показывался уже более часа, послала за ним. Его не
not showed himself already (for) more (than an) hour sent for him Him not

скоро нашли: он забрался в самую глушь сада и,
soon (they) found he got himself into (the) very the most wilderness deep spot of the garden and

опершись подбородком на скрещенные руки, сидел, погруженный в
leaning (the) chin on (the) crossed arms sat submerged in

думы. Они были глубоки и важны, эти думы, но не печальны.
thoughts They were deep and important these thoughts but not sad

Он знал, что Анна Сергеевна сидит наедине с Базаровым, и
He knew that Anna Sergeyevna sits alone with Bazarov and

ревности он не чувствовал, как бывало; напротив, лицо его
jealousy he not felt like (it) occurred before on (the) contrary (the) face him

тихо светлело; казалось, он и дивился чему-то, и радовался, и
quietly brightened (it) seemed he also marveled about something and was glad and

решался на что-то.
decided on something

XXVI

Chapter 26

Покойный Одинцов не любил нововведений, но допускал «некоторую
The late Odinets not loved innovations but allowed some
fads

игру облагороженного вкуса» и вследствие этого воздвигнул у себя
play (of) beautified taste and as a result of this erected with himself

в саду, между теплицей и прудом, строение вроде греческого
in (the) garden between (the) greenhouse and pond (a) building like (a) Greek

портика из русского кирпича. На задней, глухой стене этого
portico from Russian bricks At (the) back (on the) deaf wall of this
on the hidden

портика, или галереи, были вделаны шесть ниш для статуй, которые
portico or gallery were embedded six niches for statues which

Одинцов собирался выписать из-за границы. Эти статуи
Odinets was going to go write out from behind (the) borders These statues
order in from abroad

долженствовали изображать собою: Уединение, Молчание, Размышление,
should depict themselves Seclusion Silence Reflection

Меланхолию, Стыдливость и Чувствительность. Одну из них, богиню
Melancholy Bashfulness and Sensitivity One of them (the) goddess

Молчания, с пальцем на губах, привезли было и поставили; но ей
(of) Silence with (the) finger on (the) lips brought was and (they) put up but her

в тот же день дворовые мальчишки отбили нос, и хотя
in that same day (the) courtyard's boys beat off (the) nose and although

соседний штукатур брался приделать ей нос «вдвое лучше
(the) adjacent plasterer took himself to attach her (the) nose doubly so better

прежнего», однако Одинцов велел ее принять, и она очутилась в
(than the) previous however Odinets ordered her to take and she appeared in

углу молотильного сарая, где стояла долгие годы, возбуждая
(the) corner (of the) threshing shed where (she) stood long years arousing

суеверный ужас баб. Передняя сторона портика давно
superstitious horror (of the) local women (The) front side (of the) portico long ago

заросла густым кустарником: одни капители колонн виднелись
overgrew (with) rich bushes only (the) capitals (of the) columns were seen
was overgrown with lush vegetation

над сплошною зеленью. В самом портике даже в полдень было
over (the) solid greens In (the) very portico even in noon (it) was

прохладно. Анна Сергеевна не любила посещать это место с тех
cool Anna Sergeyevna not loved to visit this place from those

пор, как увидала там ужа; но Катя часто приходила садиться на
times as (she) saw there (an) adder but Katya often came to sit down on

большую каменную скамью, устроенную под одною из ниш.
(the) big stone bench arranged under one of (the) niches

Окруженная свежестью и тенью, она читала, работала или предавалась
Surrounded (by) freshness and shade she read worked or indulged

тому ощущению полной тишины, которое, вероятно, знакомо каждому
that sensation (of) full silence which probably (is) familiar to everyone

и прелесть которого состоит в едва сознательном, немотствующем
and (the) charm (of) which consists in hardly conscious speechless

подкарауливанье широкой жизненной волны, непрерывно катящейся и
stalking (the) wide of life waves continuously rolling both

кругом нас и в нас самих.
around us and in our- selves

На другой день по приезде Базарова Катя сидела на своей любимой
On (the) next day after (the) arrival (of) Bazarov Katya sat on her beloved

скамье, и рядом с нею сидел опять Аркадий. Он упросил ее пойти
bench and next with her sat again Arkady He begged her to go

с ним в «портик».
with him in (the) portico

До завтрака оставалось около часа; росистое утро уже сменялось
Until breakfast remained about (an) hour (the) dewy morning already changed

горячим днем. Лицо Аркадия сохраняло вчерашнее выражение,
(into the) hot daytime (The) face (of) Arkady kept yesterday evening's expression

Катя имела вид озабоченный. Сестра ее, тотчас после чаю,
Katya had (a) view preoccupied (The) sister hers immediately after (of) tea

позвала ее к себе в кабинет и, предварительно приласкав ее, что
called her to herself in (the) office and tentatively caressing her that

всегда немного пугало Катю, посоветовала ей быть осторожней в
always a little frightened Katya (she) advised her to be careful in

своем поведении с Аркадием, а особенно избегать уединенных
her behavior with Arkady and especially to out-run secluded
to avoid

бесед с ним, будто бы замеченных и теткой и всем
conversations with him if would observed also (the) aunt and all

домом. Кроме того, уже накануне вечером Анна Сергеевна
(the) house Besides that already (the) day before (in the) evening Anna Sergeyevna

была не в духе; да и сама Катя чувствовала смущение, точно
was not in spirit yes also herself Katya felt embarrassment as if

сознавала вину за собою. Уступая просьбе Аркадия, она себе
(she) realized guilt for herself Yielding (to the) request (of) Arkady she herself

сказала, что это в последний раз.
told that this in (the) last time
would be

— Катерина Сергеевна, — заговорил он с какою-то застенчивою
— Katerina Sergeyevna — spoke he with some shy

развязностью, — с тех пор как я имею счастье жить в одном
swagger — from those times as I have happiness to live in one

доме с вами, я обо многом с вами беседовал, а между тем
house with you I about much with you chatted and between that

есть один очень важный для меня... вопрос, до которого я еще не
is only very important for me (a) question to which I still not

касался. Вы заметили вчера, что меня здесь переделали, — прибавил
touched You noticed yesterday that me here (they) remade — added

он и ловя и избегая вопросительно устремленный на него взор
he both catching and avoiding (the) questioningly focused at him look

Кати. — Действительно, я во многом изменился, и это вы знаете
(of) Katya — Really I in much have changed and this you know

лучше всякого другого, — вы, которой я, в сущности, и обязан
better (than) any other — you who I in essence and am obliged to

этою переменой.
(for) this change

— Я?.. Мне?.. — проговорила Катя.
— I To me — spoke Katya

— Я теперь уже не тот заносчивый мальчик, каким я сюда
— I (am) now already not that arrogant boy as how I here
anymore

приехал, — продолжал Аркадий, — недаром же мне и минул
arrived — continued Arkady — not-gift-as then to me also passed
not for nothing

двадцать третий год; я по-прежнему желаю быть полезным, желаю
(the) twenty third year I as before desire to be useful desire

посвятить все мои силы истине; но я уже не там ищу свои
to dedicate all my strength (to the) truth but I already not there seek my

идеалы, где искал их прежде; они представляются мне...
ideals where (I) searched for them before they appear to me

гораздо ближе. До сих пор я не понимал себя, я задавал себе
much closer Until these times I not understood myself I gave to myself
set

задачи, которые мне не по силам... Глаза мои недавно раскрылись
tasks for which to me not in forces (The) eyes (of) mine recently opened
I had not enough strength

благодаря одному чувству... Я выражаюсь не совсем ясно, но я
thanks to one feeling I express myself not entirely clear but I

надеюсь, что вы меня поймете...
hope that you me will understand

Катя ничего не отвечала, но перестала глядеть на Аркадия.
Katya nothing not answered but stopped to look on Arkady

— Я полагаю, — заговорил он снова уже более взволнованным
— I suppose — spoke he again already (with a) more excited

голосом, а зяблик над ним в листве березы беззаботно
voice and (a) finch over him in (the) foliage (of the) birch trees without-care
carefree

распевал свою песенку, — я полагаю, что обязанность всякого честного
sang his song — I suppose that (it is the) duty (of) any honest

человека быть вполне откровенным с теми... с теми людьми,
person to be completely open with those with those people
frank

которые... словом, с близкими ему людьми, а потому я... я
who (with one) word with close to him people and therefore I I

намерен...
(have) intent

Но тут красноречие изменило Аркадию; он сбился, замялся и
But here (the) eloquence changed (of) Arkady he went astray faltered and

принужден был немного помолчать; Катя все не поднимала глаз.
constrained was a little kept silent Katya completely not raised (the) eyes
for a while

Казалось, она и не понимала, к чему он это все ведет, и ждала
(It) seemed she also not understood to what he this all leads and awaited

чего-то.
something

— Я предвижу, что удивлю вас, — начал Аркадий, снова собравшись
— I foresee that (I) will surprise you — began Arkady again after gathering

с силами, — тем более что это чувство относится некоторым
with forces — with that more that this feeling relates in some
his strength the

образом... некоторым образом, заметьте, — до вас. Вы меня, помнится,
way in some way (you) notice — to you You me remember

вчера упрекнули в недостатке серьезности, — продолжал Аркадий с
yesterday rebuked in lack (of) seriousness — continued Arkady with

видом человека, который вошел в болото, чувствует, что с каждым
(the) look (of a) man who entered in (a) swamp feels that with every

шагом погружается больше и больше, и все-таки спешит вперед, в
step (he) sinks more and more and all-so hurries forward in
(nonetheless)

надежде поскорее перебраться, — этот упрек часто направляется...
(the) hope faster to get it over with — this reproach often itself directs

падает... на молодых людей, даже когда они перестают его заслуживать;
falls on young people even when they cease him to merit

и если бы во мне было больше самоуверенности... («Да помоги же
and if would in me were more self-confidence Yes help then

мне, помоги!» — с отчаянием думал Аркадий, но Катя по-прежнему
me help — with desperation thought Arkady but Katya as before

не поворачивала головы.) Если б я мог надеяться...
not turned (the) head If would I could hope myself

— Если б я могла быть уверена в том, что вы говорите, —
— If would I able to be convinced in that what you say —

раздался в это мгновение ясный голос Анны Сергеевны.
rang out in this moment (the) clear voice (of) Anna Sergeyevna

Аркадий тотчас умолк, а Катя побледнела. Мимо самых кустов,
Arkady immediately fell silent and Katya got paler By (the) very bushes

заслонявших портик, пролегала дорожка. Анна Сергеевна шла по
overshadowing (the) portico lay (the) small road the walkway Anna Sergeyevna walked on

ней в сопровождении Базарова. Катя с Аркадием не могли их
her in accompaniment (of) Bazarov Katya with Arkady not could them

видеть, но слышали каждое слово, шелест платья, самое дыхание.
see but heard each word (the) rustle (of the) dress (the) very breathing

Они сделали несколько шагов и, как нарочно, остановились прямо
They made several steps and as if on purpose stopped directly

перед портиком.
in front of (the) portico

— Вот видите ли, — продолжала Анна Сергеевна, — мы с ваами
— Here see maybe — continued Anna Sergeyevna — we with you are

ошиблись; мы оба уже не первой молодости, особенно я; мы
mistaken we both already not (the) first youth especially I we

пожили, устали; мы оба, — к чему церемониться? — умны: сначала мы
lived are tired we both — to what ceremony — clever first we

заинтересовали друг друга, любопытство было возбуждено... а потом...
interested each other curiosity was initiated and then

— А потом я выдохся, — подхватил Базаров.
— And then I lost fragrance — seized joined in Bazarov

— Вы знаете, что не это было причиною нашей размолвки. Но как
— You know that not this was (the) reason (of) our spats But how

бы то ни было, мы не нуждались друг в друге, вот главное;
would then not was we not needed each -in- other here (the) main (thing)
ever it

в нас слишком много было... как бы это сказать... однородного. Мы
in us too much was how would this to say homogeneous We

это не сразу поняли. Напротив, Аркадий...
this not at once understood On (the) contrary Arkady

— Вы в нем нуждаетесь? — спросил Базаров.
— You in him have need — asked Bazarov

— Полноте, Евгений Васильевич. Вы говорите, что он неравнодушен ко
— Enough Eugene Vasilyevich You speak that he is partial to

мне, и мне самой всегда казалось, что я ему нравлюсь. Я знаю,
me and to me self always (it) seemed that I by him am liked I know

что я гожусь ему в тетки, но я не хочу скрывать от вас, что я
that I suit to him in aunt but I not want to hide from you that I
am suited as

стала чаще думать о нем. В этом молодом и свежем чувстве
started more often to think about him In this young and fresh feeling

есть какая-то прелесть...
is some charm

— Слово обаяние употребительнее в подобных случаях, — перебил
— (The) word spell (is) more common in similar cases — interrupted
is more suitable such

Базаров; кипение желчи слышалось в его спокойном, но глухом
Bazarov (the) boiling (of) bile was heard in his calm but mute

голосе. — Аркадий что-то секретничал вчера со мною и не
voice — Arkady something kept secret yesterday from me and not

говорил ни о вас, ни о вашей сестре... Это симптом
said neither about you nor about your sister This (is a) symptom

важный.
important

— Он с Катей совсем как брат, — промолвила Анна Сергеевна,
— He with Katya (is) entirely like (a) brother — said Anna Sergeyevna

— и это мне в нем нравится, хотя, может быть, мне бы и
— and this to me in him pleases although can be to me would also

не следовало позволять такую близость между ними.
not (it) followed to allow such proximity between them

— Это в вас говорит... сестра? — произнес протяжно Базаров.
— This in you says (the) sister — pronounced lingeringly Bazarov

— Разумеется... Но что же мы стоим? Пойдемте. Какой
— (One can) understand But what then we stand (here for) Let's go What

странный разговор у нас, не правда ли? И могла ли я
strange conversation with us not true whether And could whether I

ожидать, что буду говорить так с вами? Вы знаете, что я вас
expect that (I) will talk so with you You know that I you

боюсь... и в то же время я вам доверяю, потому что, в
fear and in that same time I to you trust therefore that in

сущности, вы очень добры.
essence you (are) very kind

— Во-первых, я вовсе не добр; а во-вторых, я потерял для вас
— Firstly I (am) completely not kind and in second I lost for you

всякое значение, и вы мне говорите, что я добр... Это все равно,
all meaning and you to me speak that I (am) kind This all (the) same

что класть венок из цветов на голову мертвеца.
that as to put (a) wreath of flowers on (the) head (of the) dead

— Евгений Васильевич, мы не властны... — начала было Анна
— Eugene Vasilyevich we not overbearing — began was Anna

Сергеевна; но ветер налетел, зашумел листами и унес ее
Sergeyevna but (the) wind swooped in rustled (the) leaves and carried away her

слова.
words

— Ведь вы свободны, — произнес немного погодя Базаров.
— Indeed you are free — pronounced a little later Bazarov

Больше ничего нельзя было разобрать; шаги удалились... все
More nothing impossible was to disassemble (the) steps distanced themselves all

затихло.
became quiet

Аркадий обратился к Кате. Она сидела в том же положении, только
Arkady turned to Katya She sat in that same position only

еще ниже опустила голову.
still lower dropped down (the) head

— Катерина Сергеевна, — проговорил он дрожащим голосом и
— Katerina Sergeyevna — spoke he (with a) shaking voice and

стиснув руки, — я люблю вас навек и безвозвратно, и никого не
pressing (the) hands — I love you forever and irretrievably and no one not

люблю, кроме вас. Я хотел вам это сказать, узнать ваше мнение и
(I) love besides you I wanted to you this say to find out your opinion and

просить вашей руки, потому что я и не богат и чувствую, что
to ask for your hand therefore that I also not (am) rich and felt that

готов на все жертвы... Вы не отвечаете? Вы мне не верите? Вы
(I) am ready for all sacrifices You not answer You to me not believe You

думаете, что я говорю легкомысленно? Но вспомните эти последние
think that I speak frivolously But remember these last

дни! Неужели вы давно не убедились, что все другое — поймите
days Really you long ago not convinced yourself that all else — understand

меня, — все, все другое давно исчезло без следа? Посмотрите на
me — all all else long ago disappeared without (a) trace Look at

меня, скажите мне одно слово... Я люблю... я люблю вас...
me say to me one word I love I love you

поверьте же мне!
believe then me
please believe me then

Катя взглянула на Аркадия важным и светлым взглядом и, после
Katya looked at Arkady (with a) serious and bright glance and after

долгого раздумья, едва улыбнувшись, промолвила:
(a) long reflection barely smiling said

— Да.
— Yes

Аркадий вскочил со скамьи.
Arkady jumped from (the) bench

— Да! Вы сказали: да, Катерина Сергеевна! Что значит это слово? То
— Yes You said yes Katerina Sergeyevna What means this word That

ли, что я вас люблю, что вы мне верите... Или... или... я не смею
whether that I you love that you me believe Or or I not dare

докончить...
finish

— Да, — повторила Катя, и в этот раз он ее понял. Он схватил
— Yes — repeated Katya and in this time he her understood He gripped

ее большие, прекрасные руки и, задыхаясь от восторга, прижал
her long beautiful hands and gasping for breath of pride pressed

их к своему сердцу. Он едва стоял на ногах и только твердил:
them to his heart He hardly stood on (his) feet and only said

«Катя, Катя...», а она как-то невинно заплакала, сама тихо смеясь
Katya Katya and she somehow innocently started to cry herself quietly laughing

своим слезам. Кто не видал таких слез в глазах любимого
(through) her tears Who not saw such tears in (the) eyes (of) beloved

существа, тот еще не испытал, до какой степени, замирая весь от
beings that one still not experienced to what level dying all from

благодарности и от стыда, может быть счастлив на земле человек.
gratitude and from shame can be happy on earth (a) person

На следующий день, рано поутру, Анна Сергеевна велела позвать
On (the) following day early (in the) morning Anna Sergeyevna commanded to call

Базарова к себе в кабинет и с принужденным смехом подала
Bazarov to herself in (the) office and with forced laughter over-gave
handed

ему сложенный листок почтовой бумаги. Это было письмо от
to him (a) folded sheet (of) postal paper This was (a) letter from

Аркадия: он в нем просил руки ее сестры.
Arkady he in it asked (the) hand (of) her sister

Базаров быстро пробежал письмо и сделал усилие над собою,
Bazarov quickly over-ran (the) letter and made effort over himself
went over

чтобы не выказать злорадного чувства, которое мгновенно вспыхнуло
in order to not to expose (the) gloating feeling which instantly erupted

у него в груди.
with him in (the) breast

— Вот как, — проговорил он, — а вы, кажется, не далее как
— Here how — spoke he — and you (it) seems not further as

вчера полагали, что он любит Катерину Сергеевну братскою
yesterday believed that he loves Katerina Sergeyevna (with) fraternal

любовью. Что же вы намерены теперь сделать?
love What then you intend now to do

— Что вы мне посоветуете? — спросила Анна Сергеевна, продолжая
— What you to me advise — asked Anna Sergeyevna continuing

смеяться.
to laugh

— Да я полагаю, — ответил Базаров тоже со смехом, хотя ему
— Yes I suppose — answered Bazarov also with laughter although to him

вовсе не было весело и нисколько не хотелось смеяться, так же
completely not (it) was happily and not a bit not (he) wanted to laugh so then

как и ей, — я полагаю, следует благословить молодых людей.
as also her — I suppose (it) follows to bless (the) young people

Партия во всех отношениях хорошая; состояние у Кирсанова
(The) party in all ways (is) good (the) condition with Kirsanov

изрядное, он один сын у отца, да и отец добрый малый,
is fair he (is) one son with (the) father yes and (the) father good chap
is the only of is a good

прекословить не будет.
contradict not (he) will

Одинцова прошлась по комнате. Ее лицо попеременно краснело и
Odintsova walked around (the) room Her face alternately blushed and

бледнело.
paled

— Вы думаете? — промолвила она. — Что ж? я не вижу
— You think — said she — What then I not see

препятствий... Я рада за Катю... и за Аркадия Николаевича.
obstacles I (am) happy for Katya and for Arkady Nikolayevich

Разумеется, я подожду ответа отца. Я его самого к нему
(One can) understand I await (an) answer (of the) father I it self to him

пошлю. Но вот и выходит, что я была права вчера, когда я
will send But here also goes out that I was right yesterday when I

говорила вам, что мы оба уже старые люди... Как это я ничего не
said to you that we both already (are) old people How this here I nothing not

видала? Это меня удивляет!
saw This me astonishes

Анна Сергеевна опять засмеялась и тотчас же отворотилась.
Anna Sergeyevna again started laughing and immediately then turned away

— Нынешняя молодежь больно хитра стала, — заметил Базаров и
— (The) current (day) youth painfully cunning became — noted Bazarov and

тоже засмеялся. — Прощайте, — заговорил он опять после небольшого
also laughed — Farewell — spoke he again after not (a) large

молчания. — Желаю вам окончить это дело самым приятным
silence — (I) desire you to finish this matter (with the) most pleasant

образом; а я издали порадуюсь.
means and I from far will rejoice

Одинцова быстро повернулась к нему.
Odintsova quickly turned to him

— Разве вы уезжаете? Отчего же вам теперь не остаться?
— Perhaps you depart Why then you now not to stay

Останьтесь... с вами говорить весело... точно по краю пропасти
Stay with you to talk happily is fun as if on (the) edge (of a) precipice

ходишь. Сперва робеешь, а потом откуда смелость возьмется.
(you) walk First (you) are timid and then where from courage will take

Останьтесь.
Stay

— Спасибо за предложение, Анна Сергеевна, и за лестное мнение
— Thanks for (the) proposal Anna Sergeyevna and for (the) flattering opinion

о моих разговорных талантах. Но я нахожу, что я уж и так
about my colloquial talents But I find that I already also so

слишком долго вращался в чуждой для меня сфере. Летучие рыбы
too long revolved in (an) alien for me sphere Flying fish

некоторое время могут подержаться на воздухе, но вскоре должны
some time can hold themselves in (the) air but soon must

шлепнуться в воду; позвольте же и мне плюхнуть в мою
tumble (back) in (the) water please then also to me to plop (back) down into my

стихию.
element

Одинцова посмотрела на Базарова. Горькая усмешка подергивала его
Odintsova looked at Bazarov (A) bitter chuckle twitched her

бледное лицо. «Этот меня любил!» — подумала она — и жалко ей
pale face This one me loved — thought she — and pity her

стало его, и с участием протянула она ему руку.
became (for) him and with participation stretched out she to him (the) hand

Но и он ее понял.
But also he her understood

— Нет! — сказал он и отступил на шаг назад. — Человек я
— No — said he and retreated in (a) step back — (A) person I (am)

бедный, но милостыни еще до сих пор не принимал. Прощайте-с
poor but almsgiving still until these times not would receive Farewell

и будьте здоровы.
and be healthy

— Я убеждена, что мы не в последний раз видимся, — произнесла
— I am convinced that we not in (the) last time see each other — uttered

Анна Сергеевна с невольным движением.
Anna Sergeyevna with (an) involuntary movement

— Чего на свете не бывает! — ответил Базаров, поклонился и
— What on (the) world not happens — answered Bazarov bowed and

вышел.
went out

— Так ты задумал гнездо себе свить? — говорил он в тот же
— So you thought up (a) nest yourself to weave — said he in that same

день Аркадию, укладывая на корточках свой чемодан. — Что ж?
day (to) Arkady packing on squats his luggage — What then
squatting

дело хорошее. Только напрасно ты лукавил. Я ждал от тебя совсем
matter good Only in vain you lied I awaited from you entirely
it's a good thing

другой дирекции. Или, может быть, это тебя самого огорошило?
other directorates Or may be this you much dismayed

— Я точно этого не ожидал, когда расставался с тобою, — ответил
— I exactly this not expected when (I) parted with you — answered

Аркадий, — но зачем ты сам лукавишь и говоришь:
Arkady — but why you self (you) behave slyly and (you) say

«дело хорошее», точно мне неизвестно твое мнение о браке?
case good as if to me unknown your opinion about marriage
it's a good thing I didn't know

— Эх, друг любезный! — проговорил Базаров, — как ты выражаешься!
— Ah friend dear — spoke Bazarov — how you express yourself

Видишь, что я делаю; в чемодане оказалось пустое место, и я
(You) see what I do in (the) suitcase turned out to be (an) empty place and I

кладу туда сено; так и в жизненном нашем чемодане; чем бы его
place there hay so also in of life our suitcase what would him

ни набили, лишь бы пустоты не было. Не обижайся, пожалуйста: ты
not stuffed just would emptiness not was Not take offense please you

ведь, вероятно, помнишь, какого я всегда был мнения о Катерине
indeed probably (you) remember what I always was opinion about Katerina

Сергеевне. Иная барышня только от того и слывет умною, что
Sergeyevna Any other lady only from that also reputes smart that

умно вздыхает, а твоя за себя постоит, да и так постоит, что и
clever sighs and your for herself stands yes and so stands that also

тебя в руки заберет, — ну, да это так и следует. — Он
you in (the) hands (she) will pick up — well yes this so also follows — He

захлопнул крышку и приподнялся с полу. — А теперь повторяю
slammed shut (the) lid and rose from (the) floor — And now (I) repeat

тебе на прощанье... потому что обманываться нечего: мы прощаемся
to you on goodbye therefore that to cheat oneself nothing we say goodbye

навсегда, и ты сам это чувствуешь... ты поступил умно; для нашей
forever and you self this (you) feel you entered clever for our
acted

горькой, терпкой, бобыльной жизни ты не создан. В тебе нет ни
bitter tart pauper life you not (are) made In you not either

дерзости, ни злости, а есть молодая смелость да молодой задор; для
insolence not anger and is young courage yes young gusto for

нашего дела это не годится. Ваш брат дворянин дальше
our business this not suits Your brother nobleman further
applies

благородного смирения или благородного кипения дойти не может, а
noble humility or noble boiling to reach not can and

это пустяки. Вы, например, не деретесь — и уж воображаете
this trifles You for example not fight — and already imagine

себя молодцами, — а мы драться хотим. Да что! Наша пыль тебе
yourself young men — and we fight want Yes that Our dust to you

глаза выест, наша грязь тебя замарает, да ты и не дорос до нас,
(the) eyes eats out our mud you smudges yes you also not grew to us

ты невольно любуешься собою, тебе приятно самого себя бранить;
you involuntarily admire yourself to you (it's) pleasant self yourself to scold

а нам это скучно — нам других подавай! нам других ломать надо!
and to us this (is) boring — to us others give to us others to break necessary

Ты славный малый; но ты все-таки мякенький, либеральный барич
You (are a) nice chap but you all-so (are a) mushy liberal barich
(nonetheless) little landowner

— э волату, как выражается мой родитель.
— eh voila tout as expressed my parent
(french)

— Ты навсегда прощаешься со мною, Евгений? — печально промолвил
— You forever part yourself with me Eugene — sadly uttered

Аркадий, — и у тебя нет других слов для меня?
Arkady — and with you no other words for me

Базаров почесал у себя в затылке.
Bazarov scratched with himself in (the) neck

— Есть, Аркадий, есть у меня другие слова, только я их не
— Is Arkady is with me other words only I them not
There are there are

выскажу, потому что это романтизм, — это значит: рассыропиться. А
speak out therefore that this (is) romanticism — this (it) means scatter oneself And
multiply oneself

ты поскорее женись; да своим гнездом обзаведись, да наделай
you faster marry yes your nest provide yourself with yes make

детей побольше. Умницы они будут уже потому, что вовремя они
children more Smart ones they will be already therefore that in-time they
appropriate

родятся, не то что мы с тобой. Эге! я вижу, лошади
are born not this (time) what we (were) with you Aha I see (the) horses

готовы. Пора. Со всеми я простился... Ну что ж? обняться, что
ready Time From all I said goodbye Well what then to hug what

ли?
whether

Аркадий бросился на шею к своему бывшему наставнику и другу,
Arkady threw himself on (the) neck to his former mentor and friend

и слезы так и брызнули у него из глаз.
and tears so also sprung with him from (the) eyes

— Что значит молодость! — произнес спокойно Базаров. — Да я на
— That (it) means youth — pronounced calmly Bazarov — Yes I on

Катерину Сергеевну надеюсь. Посмотри, как живо она тебя утешит!
Katerina Sergeyevna (I) hope Look how lively she you comforts

— Прощай, брат! — сказал он Аркадию, уже взобравшись на
— Goodbye brother — said he to Arkady already having climbed on

телегу, и, указав на пару галок, сидевших рядышком на
(the) carriage and indicating at (a) couple (of) jackdaws sitting side by side on

крыше конюшни, прибавил: — Вот тебе! изучай!
(the) roof (of the) stable (he) added — Here to you study
Look you

— Это что значит? — спросил Аркадий.
— This what (it) means — asked Arkady

— Как? Разве ты так плох в естественной истории или забыл,
— How Perhaps you (were) so bad in natural stories or forgot
So? biology

что галка самая почтенная, семейная птица? Тебе пример!..
that (the) jackdaw (is the) most respected family bird To you (an) example

Прощайте, синьор!
Farewell señor (spanish)

Телега задребезжала и покатилась.
(a) cart rattled and rolled

Базаров сказал правду. Разговаривая вечером с Катей, Аркадий
Bazarov said (the) truth Talking (in the) evening with Katya Arkady

совершенно позабыл о своем наставнике. Он уже начинал
completely forgot about his mentor He already began

подчиняться ей, и Катя это чувствовала и не удивлялась. Он должен
to obey her and Katya this felt and not was surprised He obliged

был на следующий день ехать в Марьино, к Николаю Петровичу. Анна
was at (the) following day to go to Marina to Nikolai Petrovoch Anna

Сергеевна не хотела стеснять молодых людей и только для приличия
Sergeyevna not wanted to constrict (the) young people and only for decency

не оставляла их слишком долго наедине. Она великодушно удалила
not left them too long alone She generously distanced

от них княжну, которую известие о предстоявшем браке
from them (the) princess who (the) news about (the) forthcoming marriage

привело в слезливую ярость. Сначала Анна Сергеевна боялась, как
led into tearful rage First Anna Sergeyevna was afraid as

бы зрелище их счастия не показалось ей самой немного
would (the) spectacle (of) their happiness not seemed her self (a) little

тягостным; но вышло совершенно напротив: это зрелище не только
painful but went out completely on (the) contrary this spectacle not only

не отягощало ее, оно ее занимало, оно ее умилило наконец. Анна
not aggravated her it her occupied it her touched finally Anna

Сергеевна этому и обрадовалась и опечалилась. «Видно, прав
Sergeyevna this both rejoiced and saddened Obviously (was) right

Базаров, — подумала она, — любопытство, одно любопытство, и
Bazarov — thought she — curiosity only curiosity and

любовь к покою, и эгоизм...»
love for peace and selfishness

— Дети! — промолвила она громко, — что, любовь чувство
— Children — declared she loudly — what love (is a) feeling

напускное?
contrived

Но ни Катя, ни Аркадий ее даже не поняли. Они ее
But neither Katya nor Arkady her even -not- understood They her

дичились; невольно подслушанный разговор не выходил у них
shied away from (the) involuntarily overheard conversation not came out with them

из головы. Впрочем, Анна Сергеевна скоро успокоила их; и это
from (the) head However Anna Sergeyevna soon soothed them and this

было ей не трудно: она успокоилась сама.
was her not difficult she calmed down herself

XXVII
Chapter 27

Старики Базаровы тем больше обрадовались внезапному приезду сына,
The old Bazarovs the more rejoiced (of the) sudden arrival (of the) son

чем меньше они его ожидали. Арина Власьевна до того
the less they him expected Arina Vlasy until so so much

переполошилась и взбегалась по дому, что Василий Иванович
flustered and ran up around (the) house that Vasily Ivanovich

сравнил ее с «куропатицей»: куцый хвостик ее коротенькой
compared her with (a) partridge (the) stubby tail (of) her short

кофточки действительно придавал ей нечто птичье. А сам он
blouse indeed lent her something birdlike But himself he

только мычал да покусывал сбоку янтарчик своего чубука да,
only mumbled and nibbled from the side (of the) amber (of) his chibouk (turkish pipe) and

прихватив шею пальцами, вертел головою, точно пробовал, хорошо
grabbing (the) neck (with the) fingers twirled (the) head as if (he) tried well correctly

ли она у него привинчена, и вдруг разевал широкий рот
whether she on him (was) screwed and suddenly yawned wide (the) mouth

и хохотал безо всякого шума.
and laughed without any noise

— Я к тебе на целых шесть недель приехал, старина, — сказал ему
– I to you for (a) whole six weeks arrived old man – said to him

Базаров, — я работать хочу, так ты уж, пожалуйста, не мешай мне.
Bazarov – I work want so you already please not disturb me

— Физиономию мою забудешь, вот как я тебе мешать буду! — отвечал
– Face mine forget here how I you disturb will – replied

Василий Иванович.
Vasily Ivanovich

Он сдержал свое обещание. Поместив сына по-прежнему в кабинет,
He kept his promise Having placed (the) son as before in study

он только что не прятался от него и жену свою удерживал от
he only what not hid from him and (the) wife his restrained from
almost

всяких лишних изъяснений нежности. «Мы, матушка моя, —
all sorts (of) unnecessary explanations (of) affections We mother my said

говорил он ей, — в первый приезд Енюшки ему надоедали
said he to her — in first arrival (of) Yenushki him annoyed

маленько: теперь надо быть умней». Арина Власьевна соглашалась с
a little now (we) must be wiser Arina Vlasy agreed with

мужем, но немного от этого выигрывала, потому что видела сына
(the) husband but little from that benefited because that (she) saw (the) son

только за столом и окончательно боялась с ним заговаривать.
only at (the) table and in the end feared with him to speak

«Енюшенька! — бывало, скажет она, — а тот еще не успеет
Enyushka — sometimes says she — but that one still not manages
(Bazarov jr)

оглянуться, как уж она перебирает шнурками ридикюля и лепечет:
to look back as already she rummages (the) laces (of her) reticule and babbles

«Ничего, ничего, я так», — а потом отправится к Василию
Nothing nothing I so — but then (she) will go to Vasily
I'm just saying

Ивановичу и говорит ему, подперши щеку: «Как бы, голубчик,
Ivanovich and says to him resting (the) cheek How would (I) darling

узнать: чего Енюша желает сегодня к обеду, щей или борщу?» —
to learn what Enyusha wants today for lunch cabbage soup or borscht —

«Да что ж ты у него сама не спросила?» — «А надоем!»
Yes what then you from from him yourself not asked — But we'll get tired of it

Впрочем, Базаров скоро сам перестал запираться: лихорадка
However, Bazarov soon himself stopped to lock himself in (the) fever

работы с него соскочила и заменилась тоскливою скукой и
(of the) work with him subsided and was replaced melancholic tedium and

глухим беспокойством. Странная усталость замечалась во всех его
dull unease (A) strange fatigue was noticeable in all his

движениях, даже походка его, твердая и стремительно смелая,
movements even (the) gait (of) his firm and swiftly bold

изменилась.
changed

Он перестал гулять в одиночку и начал искать общества; пил чай
He stopped to walk in solitary and began to seek company (he) drank tea

в гостиной, бродил по огороду с Василием Ивановичем и
in (the) living room wandered around (the) garden with Vasily Ivanovich and

курил с ним «в молчанку»; осведомился однажды об отце Алексее.
smoked with him in silence (he) inquired once about father Alexei

Василий Иванович сперва обрадовался этой перемене, но радость его
Vasily Ivanovich initially was glad (of) this change but joy his

была непродолжительна. «Енюша меня сокрушает, — жаловался он
was short-lived Yenusha me crushes – complained he

втихомолку жене, — он не то что недоволен или сердит, это бы
secretly to wife – he not this what dissatisfied or angry that would

еще ничего; он огорчен, он грустен — вот что ужасно. Все молчит,
still (be) nothing he (is) upset he (is) sad – there what (is) terrible All is silent

хоть бы побранил нас с тобою; худеет, цвет лица
even would scolded us with you (he) loses weight (the) complexion (of the) face

такой нехороший». — «Господи, Господи! — шептала старушка, —
so unwell – Lordie Lordie – whispered (the) old woman –

надела бы я ему ладанку на шею, да ведь он не позволит».
put on would I him (an) amulet on (the) neck but after all he not will allow

Василий Иванович несколько раз пытался самым осторожным образом
Vasily Ivanovich several times tried (in a) most cautious manner

расспросить Базарова об его работе, об его здоровье, об Аркадии...
to interrogate Bazarov about his work about his health about Arkady

Но Базаров отвечал ему нехотя и небрежно и однажды, заметив,
But Bazarov replied to him reluctantly and carelessly and once noticing

что отец в разговоре понемножку подо что-то подбирается,
that (the) father in (the) conversation gradually towards something approaches himself

с досадой сказал ему: «Что ты все около меня словно на
with annoyance said to him What you always around me as if on

цыпочках ходишь? Эта манера еще хуже прежней». — «Ну, ну, ну, я
tiptoes go This manner still worse than the former – Well well Well I

ничего!» — поспешно отвечал бедный Василий Иванович. Так же
nothing – hastily replied poor Vasily Ivanovich Thus also

бесплодны остались его политические намеки. Заговорив однажды, по
fruitless remained his political insinuations Having once on

поводу близкого освобождения крестьян, о прогрессе, он
occasion (of) imminent emancipation (of the) peasants about progress he

надеялся возбудить сочувствие своего сына; но тот равнодушно
hoped to arouse sympathy (of) his son but he indifferently

промолвил: «Вчера я прохожу мимо забора и слышу, здешние
said Yesterday I passed by (the) fence and (I) hear (the) local

крестьянские мальчики, вместо какой-нибудь старой песни, горланят:
peasant boys instead some old songs bellow

Время верное приходит, сердце чувствует любовь... Вот тебе и
(The) time right comes (the) heart feels love Here you also

прогресс».
progress

Иногда Базаров отправлялся на деревню и, подтрунивая по
Sometimes Bazarov went to (the) village and mocking as

обыкновению, вступал в беседу с каким-нибудь мужиком. «Ну, —
usual entered into conversation with some peasant Well, –

говорил он ему, — излагай мне свои воззрения на жизнь, братец:
said he to him – explain to me your views on life brother

ведь в вас, говорят, вся сила и будущность России, от вас
for in you (they) say all strength and (the) future (of) Russia from you

начнется новая эпоха в истории, — вы нам дадите и язык
will begin (a) new era in history – you us will give both language

настоящий, и законы». Мужик либо не отвечал ничего, либо
real and laws (The) man either not replied nothing or else

произносил слова вроде следующих: «А мы могим... тоже, потому,
uttered words like (the) following But we can too therefore

значит... какой положен у нас, примерно, придел». — «Ты мне
(it) means what assigned at us approximately limit — You to me

растолкуй, что такое есть ваш мир? — перебивал его Базаров, — и
explain what this is your world — interrupted him Bazarov — and

тот ли это самый мир, что на трех рыбах стоит?»
that whether that same world that on three fishes stands

— Это, батюшка, земля стоит на трех рыбах, — успокоительно, с
— This father earth rests on three fishes — soothing with

патриархально-добродушною певучестью объяснял мужик, — а против
paternalistically sing-songiness explained (the) peasant — and against

нашего, то есть, миру, известно, господская воля; потому вы наши
our that is world known lordly will therefore you our

отцы. А чем строже барин взыщет, тем милее мужику.
fathers But the stricter master demands the dearer peasant

Выслушав подобную речь, Базаров однажды презрительно пожал
Having heard similar speech Bazarov once contemptuously shrugged

плечами и отвернулся, а мужик побрел восвояси.
(the) shoulders and turned away and (the) peasant trudged homeward

— О чем толковал? — спросил у него другой мужик средних
— About what discussed? — asked from him another man middle-aged

лет и угрюмого вида, издали, с порога своей избы,
years and sullen appearance from afar from threshold (of) his hut

присутствовавший при беседе его с Базаровым. — О недоимке,
present during conversation his from Bazarov — About arrears

что ль?
that perhaps

— Какое о недоимке, братец ты мой! — отвечал первый мужик, и
— What about arrears brother you my — replied (the) first peasant and

в голосе его уже не было следа патриархальной певучести, а,
in voice his already not was trace (of the) patriarchal sing-song quality but

напротив, слышалась какая-то небрежная суровость, — так, болтал
on the contrary sounded some careless severity — so chatted

кое-что; язык почесать захотелось. Известно, барин; разве он что
something tongue scratch wanted Known, sir whether he anything

понимает?
understands?

— Где понять! — отвечал другой мужик, и, тряхнув шапками и
— Where to understand! — replied (the) other peasant and shaking (the) hats and

осунув кушаки, оба они принялись рассуждать о своих делах и
tightened sashes both they began to discuss about their affairs and

нуждах. Увы! презрительно пожимавший плечом, умевший говорить
needs Alas! scornfully shrugging (the) shoulder skilled to speak

с мужиками Базаров (как хвалился он в споре с Павлом
with peasants Bazarov as boasted he in argument with Pavel

Петровичем), этот самоуверенный Базаров и не подозревал, что он в
Petrov this self-assured Bazarov also not suspected that he in

их глазах был все-таки чем-то вроде шута горохового...
their eyes was still something like (a) clown (of) pea

Впрочем, он нашел, наконец, себе занятие. Однажды, в его
However, he found finally himself occupation Once, in his

присутствии, Василий Иванович перевязывал мужику раненую ногу, но
presence Vasily Ivanovich bandaged (a) peasant (the) injured leg but

руки тряслись у старика, и он не мог справиться с
hands trembled with (the) old man and he not could cope with

бинтами; сын ему помог и с тех пор стал участвовать в его
(the) bandages son to him helped and from those times became to participate in his

практике, не переставая в то же время подсмеиваться и над
practice not ceasing in that same time to laugh himself / to mock both over

средствами, которые сам же советовал, и над отцом, который
the means which himself same advised and over (the) father who

тотчас же пускал их в ход. Но насмешки Базарова нисколько
immediately same used them in use But (the) mockeries (of) Bazarov not at all

Василия Ивановича; они даже утешали его. Придерживая свой
Vasily Ivanovich they even comforted him Holding his

засаленный шлафрок двумя пальцами на желудке и покуривая
greasy dressing gown (with) two fingers on (the) stomach and (the) smoking

трубочку, он с наслаждением слушал Базарова, и чем больше злости
pipe he with enjoyment listened to Bazarov and the more anger

было в его выходках, тем добродушнее хохотал, выказывая все свои
was in his antics the more good-natured (he) laughed displaying all his

черные зубы до единого, его осчастливленный отец.
black teeth at once his delighted father

Он даже повторял эти, иногда тупые или бессмысленные, выходки и,
He even repeated these sometimes stupid or senseless antics and

например, в течение нескольких дней, ни к селу ни к
for example during during several days neither to (the) village neither to

городу, все твердил: «Ну, это дело девятое!» — потому только,
(the) town everything repeated Well this matter ninth — because only

что сын его, узнав, что он ходил к заутрене, употребил это
that son his having learned that he went to matins used this

выражение. «Слава Богу! перестал хандрить! — шептал он своей
expression Glory God stopped moping — whispered he his

супруге. — Как отделал меня сегодня, чудо!» Зато мысль, что он
wife — How (he) handled me today (a) miracle But thought that he

имеет такого помощника, приводила его в восторг, наполняла его
has such (a) helper brought him in delight filled him

гордостью. «Да, да, — говорил он какой-нибудь бабе в мужском
(with) pride Yes Yes — said he to some woman in men's

армяке и рогатой кичке, вручая ей стклянку Гулярдовой воды или
overcoat and horned cap handing her (a) bottle (of) Goulard water or

банку беленной мази, — ты, голубушка, должна ежеминутно Бога
(a) jar (of) whitened ointment — you darling must constantly God

благодарить за то, что сын мой у меня гостит: по самой научной
thank for that that son mine with me stays by (the) most scientific

и новейшей методе тебя лечат теперь, понимаешь ли ты это?
and newest method you (he) treats now understand maybe you this?

Император французов, Наполеон, и тот не имеет лучшего врача».
Emperor French Napoleon even that one not has (a) better doctor

А баба, которая приходила жаловаться, что ее «на колотики
But (the) woman who came to complain that her on pieces

подняло» (значения этих слов она, впрочем, сама растолковать не
lifted meanings (of) these words she however, herself explain not

умела), только кланялась и лезла за пазуху, где у ней лежали
could only bowed and reached for (the) bosom where at her lay

четыре яйца, завернутые в конец полотенца.
four eggs wrapped in (an) end Translating...

Базаров раз даже вырвал зуб у заезжего разносчика с красным
Bazarov once even extracted tooth from traveling peddler with red

товаром, и, хотя этот зуб принадлежал к числу обыкновенных,
goods and although this tooth belonged to number ordinary

однако Василий Иванович сохранил его как редкость и, показывая его
however Vasily Ivanovich preserved his as rarity and showing him

отцу Алексею, беспрестанно повторял:
to father Alexei ceaselessly repeated

— Вы посмотрите, что за корни! Этакая сила у Евгения!
— You look what for roots Such strength with Yevgenya

Краснорядец так на воздух и поднялся... Мне кажется, дуб и
Red Guardsman thus like that into (the) air also rose Me (it) seems (the) oak also

тот бы вылетел вон!..
even would flew out there

— Похвально! — промолвил, наконец, отец Алексей, не зная, что
— Commendable — said finally Father Alexey not knowing what

отвечать и как отделаться от пришедшего в экстаз старика.
to respond and how to get rid from (the) arrived in ecstasy old man

Однажды мужичок соседней деревни привез к Василию Ивановичу
Once (a) peasant neighboring village brought to Vasily Ivanovich

своего брата, больного тифом. Лежа ничком на связке соломы,
his brother sick (of) typhus Lying face down on (a) bundle (of) straw

несчастный умирал; темные пятна покрывали его тело, он давно
(the) unfortunate was dying dark spots covered his body he long

потерял сознание. Василий Иванович изъявил сожаление в том, что
lost consciousness Vasily Ivanovich expressed regret in that that

никто раньше не вздумал обратиться к помощи медицины, и
no one before not thought to turn themselves to seek to assistance medicine and

объявил, что спасения нет. Действительно, мужичок не довез
declared that salvation not Indeed, (the) little man not transported

своего брата до дома: он так и умер в телеге.
his brother to home he thus also died in (the) cart

Дня три спустя Базаров вошел к отцу в комнату и спросил,
Days three after Bazarov entered to (the) father into (the) room and asked

нет ли у него адского камня?
not whether with him hellish sulfur

— Есть; на что тебе?
— (There) is for what to you you need it

— Нужно... ранку прижечь.
— Must... (a) wound cauterize

— Кому?
— To whom?

— Себе.
— Myself.

— Как, себе! Зачем же это? Какая это ранка? Где она?
— How myself! Why then this What this wound Where she

— Вот тут, на пальце. Я сегодня ездил в деревню, знаешь —
— See here on (the) finger I today went to (the) village (you) know —

откуда тифозного мужика привозили. Они почему-то вскрывать его
from where (the) typhoid man (they) brought They somehow to hide it

собирались, а я давно в этом не упражнялся.
intended but I long in this not practiced

— Ну?
— Well?

— Ну, вот я и попросил уездного врача; ну, и порезался.
— Well, here I and asked the district doctor well and cut myself

Василий Иванович вдруг побледнел весь и, ни слова не говоря,
Vasily Ivanovich suddenly paled completely and not word not saying

бросился в кабинет, откуда тотчас же вернулся с кусочком
rushed into study from immediately then returned with (a) piece

адского камня в руке. Базаров хотел было взять его и уйти.
(of) hellish stone in hand Bazarov wanted was to take it and leave
of sulphur was about

— Ради самого Бога, — промолвил Василий Иванович, — позволь мне
— For very God — said Vasily Ivanovich — allow me

это сделать самому.
it to do myself

Базаров усмехнулся.
Bazarov smiled

— Экой ты охотник до практики!
— What you eager for practice

— Не шути, пожалуйста. Покажи свой палец. Ранка-то не велика. Не
— Don't joke please Show your finger Wound-this not big Not

больно?
Hurts?

— Напирай сильнее, не бойся.
— Push harder not fear not

Василий Иванович остановился.
Vasily Ivanovich stopped

— Как ты полагаешь, Евгений, не лучше ли нам прижечь
— How you think Eugene not better whether us cauterize

железом?
(with hot) iron

— Это бы раньше надо сделать; а теперь, по-настоящему, и
— This should before needed to do but now truly also

адский камень не нужен. Если я заразился, так уж теперь поздно.
hellish stone not needed If I contracted then so now (too) late

— Как... поздно... — едва мог произнести Василий Иванович.
— How... late... — barely could utter Vasily Ivanovich

— Еще бы! с тех пор четыре часа прошло с лишком.
— Still indeed since those times four hours passed since over

Василий Иванович еще немного прижег ранку.
Vasily Ivanovich still slightly cauterized (the) wound

— Да разве у уездного лекаря не было адского камня?
— But really at (the) district doctor not was hellish stone

— Не было.
— Not was

— Как же это, Боже мой! Врач — и не имеет такой необходимой
— How then this God my Doctor — and not has such necessary

вещи?
thing

— Ты бы посмотрел на его ланцеты, — промолвил Базаров и
— You would looked at his lancets — said Bazarov and
should have seen (bloodletting pins)

вышел вон.
went out away

До самого вечера и в течение всего следующего дня Василий
Until (the) very evening and in during entire following day Vasily

Иванович придирался ко всем возможным предлогам, чтобы входить в
Ivanovich nitpicked to (with) all possible pretexts to enter in

комнату сына, и хотя он не только не упоминал об его
(the) room (of the) son's and although he not only not mentioned about his

ране, но даже старался говорить о самых посторонних предметах,
wound but even tried to speak about (the) most irrelevant subjects

однако он так настойчиво заглядывал ему в глаза и так тревожно
however he so persistently peered to him in (the) eyes and so anxiously

наблюдал за ним, что Базаров потерял терпение и погрозился уехать.
watched for him that Bazarov lost patience and threatened to leave

Василий Иванович дал ему слово не беспокоиться, тем более что
Vasily Ivanovich gave him promise not to worry especially especially that

и Арина Власьевна, от которой он, разумеется, все скрыл,
also Arina Vlasiev from whom he obviously everything hid

начинала приставать к нему, зачем он не спит и что с ним
began to pester to him why he not sleeps and what with him

такое подеялось? Целых два дня он крепился, хотя вид
such for thing happened Whole two days he held on although (the) appearance

сына, на которого он все посматривал украдкой, ему очень не
(of the) son on whom he continuously glanced furtively him very not

нравился... но на третий день за обедом не выдержал. Базаров
disliked but on (the) third day during lunch not cracked he cracked Bazarov

сидел потупившись и не касался ни до одного блюда.
sat downcast and not touched neither to a single dish

— Отчего ты не ешь, Евгений? — спросил он, придав своему лицу
— Why you not eat Eugene — asked he giving his face

самое беззаботное выражение. — Кушанье, кажется, хорошо сготовлено.
(the) most carefree expression — (The) dish seems well prepared

— Не хочется, так и не ем.
— Not (I) want to then so not (I) eat

— У тебя аппетиту нету? А голова? — прибавил он робким
— With you appetite no And (the) head? — added he (with a) timid

голосом, — болит?
voice — hurts

— Болит. Отчего ей не болеть?
— Hurts. Why her not to ache

Арина Власьевна выпрямилась и насторожилась.
Arina Vlasy straightened and tensed up

— Не рассердись, пожалуйста, Евгений, — продолжал Василий
— Don't get angry please Eugene — continued Vasily

Иванович, — но не позволишь ли ты мне пульс у тебя пощупать?
Ivanovich — but not allow if you to me pulse with you to feel

Базаров приподнялся.
Bazarov rose

— Я и не щупая скажу тебе, что у меня жар.
— I even not touching will say you that at me fever

— И озноб был?
— And chills was

— Был и озноб. Пойду прилягу, а вы мне пришлите липового чаю.
— Was also chill I'll go lie down while you me send lime tea

Простудился, должно быть.
Caught a cold necessary to be
It must be

— То-то я слышала, ты сегодня ночью кашлял, — промолвила Арина
— So I heard you today at night coughed — said Arina

Власьевна.
Vlasy

— Простудился, — повторил Базаров и удалился.
— (I) caught a cold — repeated Bazarov and withdrew

Арина Власьевна занялась приготовлением чаю из липового цвету,
Arina Vlasiev began (with the) preparation (of) tea from linden blossom

а Василий Иванович вошел в соседнюю комнату и молча схватил
while Vasili Ivanovich entered into (the) adjacent room and silently grabbed

себя за волосы.
himself by (the) hair

Базаров уже не вставал в тот день и всю ночь провел в тяжелой,
Bazarov already not got up in that day and all night spent in heavy

полузабывчивой дремоте. Часу в первом утра он, с усилием
semi-forgetful doze Hour at first morning he with effort

раскрыв глаза, увидел над собою при свете лампадки бледное лицо
opening (the) eyes saw above himself by (the) light (of the) lamp (the) pale face

отца и велел ему уйти; тот повиновался, но тотчас же
(of the) father's and ordered him to leave that one obeyed but immediately then

вернулся на цыпочках и, до половины заслонившись дверцами
returned on tiptoes and until half shielding himself (with the) doors

шкафа, неотвратимо глядел на своего сына. Арина Власьевна тоже
(of the) cabinet inevitably looked at his son Arina Vlasy too

не ложилась и, чуть отворив дверь кабинета, то и дело
not went to bed and slightly cracked (the) door (of the) study this also repeatedly

подходила послушать, «как дышит Енюша», и посмотреть на Василия
approached to listen how breathes Yenusha and to look at Vasily

Ивановича. Она могла видеть одну его неподвижную, сгорбленную спину,
Ivanovich She could see only his immobile hunched back

но и это ей доставляло некоторое облегчение.
but also that her provided some relief

Утром Базаров попытался встать; голова у него закружилась,
In the morning Bazarov tried to get up (the) head at his spun

кровь пошла носом; он лег опять. Василий Иванович молча ему
blood flowed from his nose he lay again Vasily Ivanovich silently to him

прислуживал; Арина Власьевна вошла к нему и спросила его, как он
served Arina Vlasy entered to him and asked him how he

себя чувствует. Он отвечал: «Лучше» — и повернулся к стене.
himself feels He replied: Better — and turned to (the) wall

Василий Иванович замахал на жену обеими руками; она закусила
Vasily Ivanovich flailed at (the) wife both hands she bit

губу, чтобы не заплакать, и вышла вон. Все в доме вдруг
(the) lip to not cry and went out there Everything in (the) house suddenly

словно потемнело; все лица вытянулись, сделалась странная тишина; со
as if darkened all faces lengthened became there fell (a) strange silence from

двора унесли на деревню какого-то горластого петуха, который
(the) yard carried away to (the) village some loud-mouthed rooster who

долго не мог понять, зачем с ним так поступают. Базаров
long not could understand why with him so (they) deal Bazarov

продолжал лежать, уткнувшись в стену. Василий Иванович пытался
continued to lie (down) facing into (the) wall Vasily Ivanovich tried

обращаться к нему с разными вопросами, но они утомляли Базарова,
to address to him with various questions but they fatigued Bazarov

и старик замер в своих креслах, только изредка хрустя пальцами.
and (the) old man froze in his armchairs only occasionally cracking (the) fingers

Он отправлялся на несколько мгновений в сад, стоял там
He directed himself out for several moments into (the) garden stood there

как истукан, словно пораженный несказанным изумлением (выражение
as (a) statue as if struck (by) unspeakable amazement (the) expression

изумления вообще не сходило у него с лица), и возвращался
(of) amazement generally not left with him from (the) face and returned

снова к сыну, стараясь избегать расспросов жены. Она наконец
again to (the) son trying to run from (the) questioning (of the) wife She finally

схватила его за руку и судорожно, почти с угрозой, промолвила:
grabbed him by (the) hand and frantically almost with threat said

«Да что с ним?» Тут он спохватился и принудил себя улыбнуться
Yes what with him? Here he realized and forced himself to smile

ей в ответ; но, к собственному ужасу, вместо улыбки у него
to her in response but to his own horror instead (of a) smile at him

откуда-то взялся смех. За доктором он послал с утра. Он
somehow emerged laughter For (the) doctor he sent with (the) morning He

почел нужным предуведомить об этом сына, чтобы тот как-нибудь
deemed (it) necessary to pre-notify about this (the) son so he somehow

не рассердился.
not got angry

Базаров вдруг повернулся на диване, пристально и тупо посмотрел
Bazarov suddenly turned onto (the) sofa intently and dully looked

на отца и попросил напиться.
at (the) father and asked to drink

Василий Иванович подал ему воды и кстати пощупал его лоб.
Vasily Ivanovich gave him water and incidentally touched his forehead

Он так и пылал.
He so thus blazed

— Старина, — начал Базаров сиплым и медленным голосом, — дело
— Old friend — began Bazarov hoarse and slow voice — matter

мое дрянное. Я заражен, и через несколько дней ты меня хоронить
my rotten I infected and in several days you me bury

будешь.
will

Василий Иванович пошатнулся, словно кто по ногам его ударил.
Vasily Ivanovich staggered as if someone on (the) legs (of) his hit

— Евгений! — пролепетал он, — что ты это!.. Бог с тобою! Ты
— Evgeny — stammered he — what you this God with you You

простудился...
caught (a) cold

— Полно, — не спеша перебил его Базаров. — Врачу
— Enough — not in a hurry interrupted him Bazarov — (To a) doctor

непозволительно так говорить. Все признаки заражения, ты сам
(it's) inadmissible like that to talk All symptoms (are of) infection you yourself

знаешь.
know

— Где же признаки... заражения, Евгений?.. помилуй!
— Where then signs infections Eugene have mercy!

— А это что? — промолвил Базаров и, приподняв рукав рубашки,
— And this what? — declared Bazarov and lifting (the) sleeve (of the) shirt

показал отцу выступившие зловещие красные пятна.
showed (to the) father (the) emerged ominous red spots

Василий Иванович дрогнул и похолодел от страха.
Vasily Ivanovich flinched and chilled from fear

— Положим, — сказал он наконец, — положим... если... если даже
— Let's suppose — said he finally — let's suppose if if even

что-нибудь вроде... заражения...
anything like infections...

— Пиэмии, — подсказал сын.
— Pyemia — suggested (the) son

— Ну да... вроде... эпидемии...
— Well yes like... epidemics

— Пиэмии, — сурово и отчетливо повторил Базаров. — Аль уж
— Piemia — sternly and clearly repeated Bazarov — Or already

позабыл свои тетрадки?
(you) forgot your notebooks?

— Ну да, да, как тебе угодно... А все-таки мы тебя вылечим!
— Well yes yes as to you (is) acceptable But still we you will cure

— Ну, это дудки. Но не в том дело. Я не ожидал, что так
— Well this (is) nonsense But not in this (the) matter I not expected that so

скоро умру; это случайность, очень, по правде сказать, неприятная. Вы
soon (I) die this accident very on truth to say unpleasant You

оба с матерью должны теперь воспользоваться тем, что в вас
both with (the) mother must now use that that in you

религия сильна; вот вам случай поставить ее на пробу. — Он
religion strong here to you opportunity to put her to test — He

отпил еще немного воды. — А я хочу попросить тебя об одной
sipped still a little water — But I want to ask you about one

вещи... пока еще моя голова в моей власти. Завтра или послезавтра
thing while still my head in my control Tomorrow or after tomorrow

мозг мой, ты знаешь, в отставку подаст. Я и теперь не совсем
brain mine you know into retirement submits I also now not entirely

уверен, ясно ли я выражаюсь. Пока я лежал, мне все казалось,
sure clear whether I express myself While I lay me everything seemed

что вокруг меня красные собаки бегали, а ты надо мной стойку
that around me red dogs ran but you over me stand

делал, как над тетеревом. Точно я пьяный. Ты хорошо меня
performed as over (a) grouse Definitely I drunk You well me

понимаешь?
understand?

— Помилуй, Евгений, ты говоришь совершенно как следует.
— Mercy Yevgeny you speak absolutely as follows
it should

— Тем лучше; ты мне сказал, ты послал за доктором... Этим ты
— The better you to me said you sent for (a) doctor With this you

себя потешил... потешь и меня: пошли ты нарочного...
yourself comforted amuse also me will send you (a) courier

— К Аркадию Николаичу, — подхватил старик.
— To Arkadiy Nikolay — interjected (the) old man

— Кто такой Аркадий Николаич? — проговорил Базаров как бы в
— Who such Arkadiy Nikolay — said Bazarov as would if in

раздумье. — Ах да! птенец этот! Нет, ты его не трогай: он теперь в
reflection — Oh yes chicklet this No you him not touch he now into

галки попал. Не удивляйся, это еще не бред. А ты пошли
jail fell not be surprised this still not (a) ramble But you will send

нарочного к Одинцовой, Анне Сергеевне, тут есть такая помещица...
(a) courier to Odintsova to Anne Sergeevna here is such (a) landlady an estate owner

Знаешь? (Василий Иванович кивнул головой.) Евгений, мол, Базаров
(You) know? Vasily Ivanovich nodded (the) head Yevgeny reportedly Bazarov

кланяться велел и велел сказать, что умирает. Ты это исполнишь?
greetings ordered and ordered to say that (he) is dying You this will you?

— Исполню... Только возможное ли это дело, чтобы ты умер, ты,
— (I) Will... Only possible whether this matter that you died you

Евгений... Сам посуди! Где ж после этого будет справедливость?
Yevgeny Yourself think Where then after this will be justice?

— Этого я не знаю; а только ты нарочного пошли.
— This I not know but only you (a) courier sent

— Сию минуту пошлю, и сам письмо напишу.
— this minute (I) will send and myself letter will write

— Нет, зачем; скажи, что кланяться велел, больше ничего не нужно.
— No why say that to bow (I) ordered no more nothing not needed

А теперь я опять к моим собакам. Странно! хочу остановить
But now I again to my dogs Strange! (I) want to stop

мысль на смерти, и ничего не выходит. Вижу какое-то пятно... и
(the) thought on death and nothing not works (I) see some stain and

больше ничего.
more nothing

Он опять тяжело повернулся к стене; а Василий Иванович
He again heavily turned towards (the) wall but Vasily Ivanovich

вышел из кабинета и, добравшись до жениной спальни, так и
left from (the) office and reaching to wife's bedroom so also

рухнулся на колени перед образами.
collapsed onto (the) knees before (the) icons

— Молись, Арина, молись! — простонал он, — наш сын умирает.
— Pray Arina Pray — groaned he — our son is dying

Доктор, тот самый уездный лекарь, у которого не нашлось
Doctor that very district physician at whom not was

адского камня, приехал и, осмотрев больного, посоветовал держаться
hellish sulphur stone arrived and having examined patient advised to stick to

методы выжидающей и тут же сказал несколько слов о
(the) methods expectant and here then said several words about

возможности выздоровления.
(the) possibility (of) recovery

— А вам случалось видеть, что люди в моем положении не
— But you happened to see that people in my position not

отправляются в Елисейские? — спросил Базаров и, внезапно схватив за
go in Elysian — asked Bazarov and suddenly grabbing by

ножку тяжелый стол, стоявший возле дивана, потряс его и сдвинул
(the) leg (a) heavy table standing near (the) sofa shook it and moved

с места.
from (its) place

— Сила-то, сила, — промолвил он, — вся еще тут, а надо
— Strength-then strength — said he — all still here but (it's) needed

умирать!.. Старик, тот, по крайней мере, успел отвыкнуть от
to die Old man that one at edge the least (of) measure managed unaccustomed from

жизни, а я... Да, поди попробуй отрицать смерть. Она тебя отрицает,
life but I Yes go try to deny death She you denies

и баста! Кто там плачет? — прибавил он, погодя немного. —
and enough! Who there cries? — added he after a while a bit —

Мать? Бедная! Кого-то она будет кормить теперь своим удивительным
Mother? Poor one! Who-then she will feed now her amazing

борщом? А ты, Василий Иваныч, тоже, кажется, нюнишь? Ну, коли
borscht But you Vasily Ivanovich too seems (you) whine Well, if

христианство не помогает, будь философом, стоиком, что ли? Ведь
christianity not helps be philosopher stoic what whether or what After

ты хвастался, что ты философ?
you boasted that you (are) philosopher

— Какой я философ! — завопил Василий Иванович, и слезы так и
— What I philosopher — cried Vasily Ivanovich and (the) tears so also

закапали по его щекам.
streamed down his cheeks

Базарову становилось хуже с каждым часом; болезнь приняла
Bazarov was getting worse with each hour (the) disease took

быстрый ход, что обыкновенно случается при хирургических отравах.
rapid course which usually occurs with surgical poisons

Он еще не потерял памяти и понимал, что ему говорили; он еще
He still not lost memory the mind and understood what to him (they) said he still

боролся. «Не хочу бредить, — шептал он, сжимая кулаки, — что
struggled Not (I) want to be delirious — whispered he clenching (the) fists — What

за вздор!» И тут же говорил: «Ну, из восьми вычесть десять,
for nonsense! And then immediately (he) said Well from eight subtract ten

сколько выйдет?» Василий Иванович ходил как помешанный, предлагал
how much go out Vasily Ivanovich walked like obsessed suggested

то одно средство, то другое и только и делал, что покрывал
then one remedy then another and just also did what covered

сыну ноги. «Обернуть в холодные простыни... рвотное... горчичники
(the) son (the) legs Wrap in cold sheets emetic mustard plasters

к желудку... кровопускание», — говорил он с напряжением. Доктор,
to stomach bloodletting — said he with tension (The) Doctor

которого он умолил остаться, ему поддакивал, поил больного
whom he begged to stay him nodded quenched (the) patient

лимонадом, а для себя просил то трубочки, то
(with) lemonade but for himself asked then straws then

«укрепляющего-согревающего», то есть водки. Арина Власьевна сидела
strengthening-warming that is vodka Arina Vlasy sat

на низенькой скамеечке возле двери и только по временам
on (the) low bench near (the) door and only at times times

уходила молиться; несколько дней тому назад туалетное зеркальце
left (to) pray several days of that ago (the) vanity hand mirror

выскользнуло у ней из рук и разбилось, а это она всегда
slipped at her from (the) hands and shattered and this she always

считала худым предзнаменованием; сама Анфисушка ничего не умела
considered bad omen himself Anfisushka nothing not could

сказать ей. Тимофеич отправился к Одинцовой.
say to her Timofey went to Odintsova

Ночь была не хороша для Базарова... Жестокий жар его мучил. К
(The) night was not good for Bazarov Cruel heat him tormented By

утру ему полегчило. Он попросил, чтоб Арина Власьевна его
morning to him eased He asked that Arina Vlasy him

причесала, поцеловал у ней руку и выпил глотка два чаю.
combed kissed at her (the) hand and drank (a) sip (of) two tea

Василий Иванович оживился немного.
Vasily Ivanovich perked up somewhat

— Слава Богу! — твердил он, — наступил кризис... прошел кризис.
— Glory to god — repeated he — began crisis passed crisis

— Эка, подумаешь! — промолвил Базаров, — слова-то что значит!
— Wow Big deal! — said Bazarov — word-this what means

Нашел его, сказал: «кризис» — и утешен. Удивительное дело, как
Found him said: crisis — and comforted Amazing matter how

человек еще верит в слова. Скажут ему, например, дурака и не
human still believes in words will say to him for example fool and not

прибьют, он опечалится; назовут его умницей и денег ему не дадут
beat he be saddened will call him smart and money to him not give

— он почувствует удовольствие.
— he will feel pleasure

Эта маленькая речь Базарова, напоминавшая его прежние «выходки»,
This small speech Bazarov reminiscing his former antics

привела Василия Ивановича в умиление.
brought Vasily Ivanovich in delight

— Браво! прекрасно сказано, прекрасно! — воскликнул он, показывая
— Bravo! beautifully said wonderful — exclaimed he showing

вид, что бьет в ладоши.
appearance that claps into palms

Базаров печально усмехнулся.
Bazarov sadly smiled

— Так как же, по-твоему, — промолвил он, — кризис прошел или
— So so then in your opinion — said he — crisis passed or

наступил?
arrived

— Тебе лучше, вот что я вижу, вот что меня радует, — отвечал
— You better here that I see here that me pleases — replied

Василий Иванович.
Vasily Ivanovich

— Ну и прекрасно; радоваться всегда не худо. А к той, помнишь?
— Well and excellent rejoice always not bad But to that remember?

послал?
sent?

— Послал, как же.
— Sent as then
indeed

Перемена к лучшему продолжалась недолго. Приступы болезни
Change towards (the) better continued briefly (The) attacks (of the) disease

возобновились. Василий Иванович сидел подле Базарова. Казалось,
resumed Vasily Ivanovich sat beside Bazarov Seemed

какая-то особенная мука терзала старика. Он несколько раз
some special agony tormented (the) old man He several times

собирался говорить — и не мог.
intended to speak — and not could

— Евгений! — произнес он наконец, — сын мой, дорогой мой, милый
— Yevgeny — said he finally — son my dear my dear

сын!
son

Это необычайное воззвание подействовало на Базарова... Он повернул
This extraordinary appeal affected on Bazarov He turned

немного голову и, видимо стараясь выбиться из-под бремени
slightly (the) head and apparently trying escape from-under (the) burden

давившего его забытья, произнес:
oppressing (of) his forgetfulness said

— Что, мой отец?
— What my father

— Евгений, — продолжал Василий Иванович и опустился на колени
— Yevgeny — continued Vasily Ivanovich and knelt on (the) knees

перед Базаровым, хотя тот не раскрывал глаз и не мог его
before Bazarov although he not opened (the) eyes and not could him

видеть. — Евгений, тебе теперь лучше; ты, Бог даст, выздоровеешь, но
see — Yevgeny you now better you God will recover but

воспользуйся этим временем, утешь нас с матерью, исполни долг
use this time comfort us with (the) mother fulfill duty

христианина! Каково-то мне это тебе говорить, это ужасно; но еще
(of a) christian how hard me this to you to tell this terrible but still

ужаснее... ведь навек, Евгений... ты подумай, каково-то...
worse after all forever Yevgeny you think how's that

Голос старика перервался, а по лицу его сына, хотя
(The) voice (of the) old man broke off but across (the) face (of) his son although

он и продолжал лежать с закрытыми глазами, проползло что-то
he also continued to lie with closed eyes crawled something

странное.
strange

— Я не отказываюсь, если это может вас утешить, — промолвил он
— I not refuse if it can you console — said he

наконец, — но мне кажется, спешить еще не к чему. Ты сам
finally — but me it seems to rush yet not to something You yourself

говоришь, что мне лучше.
say that me better

— Лучше, Евгений, лучше; но кто знает, ведь это все в Божьей
— Better Yevgeny better but who knows after all this (is) all in god's

воле, а исполнивши долг...
will but having fulfilled duty

— Нет, я подожду, — перебил Базаров. — Я согласен с тобою, что
— No I will wait — interrupted Bazarov — I agree with you that

наступил кризис. А если мы с тобой ошиблись, что ж! ведь и
has come (a) crisis But if we with you were wrong then well after all even

беспамятных причащают.
(the) unconscious (ones) commune

— Помилуй, Евгений...
— Mercy Yevgeny

— Я подожду. А теперь я хочу спать. Не мешай мне.
— I will wait But now I want to sleep Don't disturb me

И он положил голову на прежнее место.
And he laid (the) head on (the) former place

Старик поднялся, сел на кресло и, взявшись за подбородок, стал
(The) old man rose sat on (the) chair and grasping by (the) chin began

кусать себе пальцы...
to bite himself (the) fingers

Стук рессорного экипажа, тот стук, который так особенно заметен
(The) rattle (of a) spring-based carriage that rattle which (is) so especially noticeable

в деревенской глуши, внезапно поразил его слух. Ближе, ближе
in (the) rural wilderness suddenly startled his hearing Closer closer

катились легкие колеса; вот уже послышалось фырканье лошадей...
rolled (the) light wheels here already was heard (the) snorting (of) horses

Василий Иванович вскочил и бросился к окошку. На двор его
Vasily Ivanovich jumped and rushed to (the) window On (the) yard (of) his

домика, запряженная четверней, въезжала двуместная карета. Не
house harnessed by four was entering (a) two-seater carriage Not
with four horses

отдавая себе отчета, что бы это могло значить, в порыве какой-то
giving out himself realization what would this could mean in impulse of some

бессмысленной радости, он выбежал на крыльцо... Ливрейный лакей
senseless joy he rushed out onto (the) porch (A) liveried footman

отворял дверцы кареты; дама под черным вуалем, в черной
opened (the) doors (of the) carriage (a) lady in black veil in black

мантилье, выходила из нее...
mantilla emerged from it

— Я Одинцова, — промолвила она. — Евгений Васильич жив? Вы его
— I Odintsova — said she — Yevgeny Vasilyich alive? You his

отец? Я привезла с собой доктора.
father I brought with myself (a) doctor

— Благодетельница! — воскликнул Василий Иванович и, схватив ее
— Benefactress — exclaimed Vasily Ivanovich and grabbing her

руку, судорожно прижал ее к своим губам, между тем как
hand convulsively pressed her to his lips while that how

привезенный Анной Сергеевной доктор, маленький человек в очках, с
brought Anna's Sergeev doctor (a) small man in glasses with

немецкою физиономией, вылезал, не торопясь, из кареты. — Жив
German physiognomy climbed not hurrying from (the) carriage — Alive

еще, жив мой Евгений и теперь будет спасен! Жена! жена!.. К нам
still alive my Yevgeny and now will be saved! Wife! wife! To us

ангел с неба...
(an) angel from heaven

— Что такое, Господи! — пролепетала, выбегая из гостиной
— What such Lord! — stammered rushing out from (the) living room

старушка и, ничего не понимая, тут же в передней упала к
(the) old woman and nothing not understanding here right in (the) hallway fell to

ногам Анны Сергеевны и начала как безумная целовать ее
(the) feet (of) Anna Sergeyvna and began like out of her mind to kiss her

платье.
dress

— Что вы! что вы! — твердила Анна Сергеевна; но Арина Власьевна
— What you! what you! — insisted Anna Sergeev but Arina Vlasiev

ее не слушала, а Василий Иванович только повторял: «Ангел! ангел!»
her not listened but Vasily Ivanovich just repeated Angel! angel

— Wo ist der Kranke? И где же есть пациент? — проговорил
— Where is the sick person (German) And where then is (the) patient — said

наконец доктор, не без некоторого негодования.
finally (the) doctor not without some indignation

Василий Иванович опомнился.
Vasily Ivanovich recovered

— Здесь, здесь, пожалуйте за мной, вертестер герр коллега —
— Here here follow after me colleague Mr. (German) colleague —

прибавил он по старой памяти.
added he according to old memory

— Э! — произнес немец и кисло осклабился.
— Hey! — said (the) German and sourly sneered

Василий Иванович привел его в кабинет.
Vasily Ivanovich brought him to (the) office

— Доктор от Анны Сергеевны Одинцовой, — сказал он, наклоняясь
— (The) Doctor from Anna Sergeevna Odintsova — said he leaning himself

к самому уху своего сына, — и она сама здесь.
to (the) very ear (of) his son — and she herself (is) here

Базаров вдруг раскрыл глаза.
Bazarov suddenly opened (the) eyes

— Что ты сказал?
— What you said?

— Я говорю, что Анна Сергеевна Одинцова здесь и привезла к тебе
— I say that Anna Sergeevna Odintsova (is) here and brought to you

сего господина доктора.
this gentleman doctor

Базаров повел вокруг себя глазами.
Bazarov looked around himself (with the) eyes

— Она здесь... я хочу ее видеть.
— She (is) here I want her to see
to see her

— Ты ее увидишь, Евгений; но сперва надобно побеседовать с
— You her will see Eugene but first necessary talk with

господином доктором. Я им расскажу всю историю болезни, так как
gentleman doctor I them will tell whole history illness since since

Сидор Сидорыч уехал (так звали уездного врача), и мы сделаем
Sidor Sidorovich left thus named district doctor's and we will do

маленькую консультацию.
small consultation

Базаров взглянул на немца.
Bazarov looked at (the) German

— Ну, беседуйте скорее, только не по-латыни; я ведь понимаю, что
— Well, talk quickly just not in Latin I after all understand what

значит: jam moritur.
means (he) forthwith dies
(Latin)

— Der Herr scheint des Deutschen mächtig zu sein, — начал новый
— The gentleman seems of the German fluent to be — began (the) new
(German)

питомец Эскулапа, обращаясь к Василию Ивановичу.
disciple (of) Aesculapius addressing to Vasily Ivanovich

— Их... габе... — Говорите уж лучше по-русски, — промолвил
— I have — Speak already better in Russian — said
(German)

старик.
(the) old man

— А, а! так этто фот как этто... Пошалуй...
— Ah ah so that photo how this Indulge

И консультация началась.
And (the) consultation began

Полчаса спустя Анна Сергеевна в сопровождении Василия Ивановича
(A) half-hour later Anna Sergeev in accompaniment (of) Vasily Ivanovich

вошла в кабинет. Доктор успел шепнуть ей, что нечего
entered into (the) office (The) doctor managed to whisper to her that (there was) no need

и думать о выздоровлении больного.
even to think about recovery (of the) patient

Она взглянула на Базарова... и остановилась у двери, до того
She looked at Bazarov and stopped at (the) door until so

поразило ее это воспаленное и в то же время мертвенное лицо
shocked her that inflamed and in that same time deathly face

с устремленными на нее мутными глазами. Она просто испугалась
with fixed on her cloudy eyes She simply was frightened

каким-то холодным и томительным испугом; мысль, что она не то
by some cold and tormenting fright (the) thought that she not that

бы почувствовала, если бы точно его любила — мгновенно
would (she) felt if would exactly him loved — instantly

сверкнула у ней в голове.
flashed in her in (the) head

— Спасибо, — усиленно заговорил он, — я этого не ожидал. Это
— Thank (you) — earnestly began speaking he — I this not expected It

доброе дело. Вот мы еще раз и увиделись, как вы обещали.
(is a) good deed Here we still once and saw each other like you promised

— Анна Сергеевна так была добра... — начал Василий Иванович.
— Anna Sergeevna so was kind — began Vasily Ivanovich

— Отец, оставь нас. Анна Сергеевна, вы позволяете? Кажется, теперь...
— Father leave us Anna Sergeevna you allow (me) (It) seems now

Он указал головою на свое распростертое бессильное тело.
He pointed (the) head towards his outstretched helpless body

Василий Иванович вышел.
Vasily Ivanovich left

— Ну, спасибо, — повторил Базаров. — Это по-царски. Говорят, цари
— Well thanks — repeated Bazarov — This royally (They) say tsars

тоже посещают умирающих.
also visit (the) dying

— Евгений Васильич, я надеюсь...
— Yevgeny Vasilyich I hope

— Эх, Анна Сергеевна, станемте говорить правду. Со мной кончено.
— Alas, Anna Sergeevna let's speak (the) truth With me ended
It's over for me

Попал под колесо. И выходит, что нечего было думать о
Fell under (the) wheel And turns out that no need (there) was to think about

будущем. Старая штука смерть, а каждому внове. До сих пор не
(the) future Old thing death but to each anew Until these times not

трушу... а там придет беспамятство, и фюить! (Он слабо махнул
fear but there will come forgetfulness and poof! He weakly waved

рукой.) Ну, что ж мне вам сказать... я любил вас! Это и прежде
(the) hand Well, what then me you tell I loved you It also before

не имело никакого смысла, а теперь подавно. Любовь — форма, а
not had no sense but now especially Love is form but

моя собственная форма уже разлагается. Скажу я лучше, что — какая
my own form already decomposes Say I better that — how

вы славная! И теперь вот вы стоите, такая красивая...
you (are) glorious And now here you stand so beautiful

Анна Сергеевна невольно содрогнулась.
Anna Sergeyevna involuntarily shuddered

— Ничего, не тревожьтесь... сядьте там... Не подходите ко мне: ведь
— Nothing not worry yourself sit there Not approach to me indeed

моя болезнь заразительная.
my sickness (is) infectious

Анна Сергеевна быстро перешла комнату и села на кресло возле
Anna Sergeyevna quickly crossed (the) room and sat on (the) armchair near

дивана, на котором лежал Базаров.
(of the) sofa on which was lying Bazarov

— Великодушная! — шепнул он. — Ох, как близко, и какая молодая,
— Great-spirited — whispered he — Oh how close and how young
Generous

свежая, чистая... в этой гадкой комнате!.. Ну, прощайте! Живите долго,
fresh clean in this nasty room Well farewell Live long

это лучше всего, и пользуйтесь, пока время. Вы посмотрите, что
is best of all and use it while (there is) time You look what

за безобразное зрелище: червяк полураздавленный, а еще топорщится.
for ugly spectacle (a) worm half-crushed and still (it) bristles

И ведь тоже думал: обломаю дел много, не умру, куда! задача
And indeed also (I) thought (I) bust business much not (I) die where (the) task
I'll do great things

есть, ведь я гигант! А теперь вся задача гиганта —
is indeed I (am a) giant And now (the) entire task (of the) giant –

как бы умереть прилично, хотя никому до этого дела нет... Все
how would to die decently although to no one to this business not All
somehow

равно: вилять хвостом не стану.
(the) same wiggle (a) tail not stand
I won't

Базаров умолк и стал ощупывать рукой свой стакан. Анна
Bazarov fell silent and started to grope (with a) hand his glass Anna

Сергеевна подала ему напиться, не снимая перчаток и боязливо
Sergeyevna brought to him to drink not taking off (the) gloves and timidly

дыша.
breathing

— Меня вы забудете, — начал он опять, — мертвый живому не
– Me you will forget – began he again – (a) dead one (to a) living not

товарищ. Отец вам будет говорить, что вот, мол, какого человека
(is a) comrade (The) father to you will talk that here pray what man

Россия теряет... Это чепуха; но не разуверяйте старика. Чем бы
Russia loses This (is) nonsense but not disbelieve (the) old man What would

дитя ни тешилось... вы знаете. И мать приласкайте. Ведь таких
child not chafed you know And (the) mother caress Indeed such

людей, как они, в вашем большом свете днем с огнем не
people as they in your big world (in the) daytime with fire not

сыскать... Я нужен России... Нет, видно, не нужен. Да и кто
to find I (am) needed to Russia No visibly not (am) needed Yes also who

нужен? Сапожник нужен, портной нужен, мясник... мясо продает...
(is) needed (A) cobbler (is) needed (a) tailor (is) needed (a) butcher meat sells

мясник... постойте, я путаюсь... Тут есть лес...
(a) butcher wait I muddle Here is (the) forest

Базаров положил руку на лоб.
Bazarov put (the) hand on (the) forehead

Анна Сергеевна наклонилась к нему.
Anna Sergeyevna bent over to him

— Евгений Васильич, я здесь...
— Eugene Vasilich I (am) here

Он разом принял руку и приподнялся.
He at once took on (the) hand and rose

— Прощайте, — проговорил он с внезапной силой, и глаза его
— Farewell — spoke he with sudden force and (the) eyes him

блеснули последним блеском. — Прощайте... Послушайте... ведь я вас
sparkled (with a) last flash — Farewell Listen indeed I you

не поцеловал тогда... Дуньте на умирающую лампаду, и пусть она
not kissed then Blow on (the) dying (a) lamp and let that she

погаснет...
extinguishes

Анна Сергеевна приложилась губами к его лбу.
Anna Sergeyevna applied (with the) lips to him (the) forehead

— И довольно! — промолвил он и опустился на подушку. —
— And enough — uttered he and dropped on (the) pillow —

Теперь... темнота...
Now darkness

Анна Сергеевна тихо вышла.
Anna Sergeyevna quietly left

— Что? — спросил ее шепотом Василий Иванович.
— What — asked her (in a) whisper Vassily Ivanovich

— Он заснул, — отвечала она чуть слышно.
— He fell asleep — answered she just audible

Базарову уже не суждено было просыпаться. К вечеру он впал в
Bazarov already not destined was to wake up To (the) evening he in-fell sunk in

совершенное беспамятство, а на следующий день умер. Отец
total unconsciousness and on (the) following day died (The) father

Алексей совершил над ним обряды религии. Когда его
Alexey committed over him rites (of) religion When him

соборовали, когда святое миро коснулось его груди, один
administered the unction when (this) blessed peace touched him (the) breast one

глаз его раскрылся, и, казалось, при виде священника в
eye his uncovered itself opened and (it) seemed before (the) sight (of the) priest in

облачении, дымящегося кадила, свеч перед образом что-то похожее
attire (the) smoky censer candles before (the) picture something similar to

на содрагание ужаса мгновенно отразилось на помертвелом лице.
on shudder (of) horror instantly reflected on (the) deadened's face

Когда же, наконец, он испустил последний вздох и в доме
When then finally he emitted (the) last sigh and in (the) house

поднялось всеобщее стенание, Василием Ивановичем обуяло
went up (the) general wailing Vasili Ivanovich overwhelmed

внезапное исступление. «Я говорил, что я возропщу, — хрипло кричал
(a) sudden frenzy I said that I will complain — hoarsely shouted

он, с пылающим, перекошенным лицом, потрясая в воздухе кулаком,
he with blazing skewed face shaking in (the) air (with the) fist

как бы грозя кому-то, — и возропщу, возропщу!» Но Арина
as would threatening to whomever — and (I) will complain (I) will complain! But Arina

Власьевна, вся в слезах, повисла у него на шее, и оба
Vladyevna entirely in tears hung (down) with him on (the) neck and both

вместе пали ниц. «Так, — рассказывала потом в людской
together fell prostrate So — told then in humans servant quarters

Анфисушка, — рядышком и понурили свои головки, словно овечки в
Anfisushka — side by side and drooped their heads as if little sheep in

полдень...»
noon

Но полуденный зной проходит, и настает вечер и ночь, а там
But half-day heat passes and comes evening and night and there
the afternoon

и возвращение в тихое убежище, где сладко спится измученным и
also (a) return in quiet sanctuary where sweetly sleep (the) jaded and

усталым...
(the) weary

XXVIII
Chapter 28

Прошло шесть месяцев. Стояла белая зима с жестокою тишиной
Passed six months Stood white (the) winter with violent silence

безоблачных морозов, плотным, скрипучим снегом, розовым инеем на
cloudless frosts (with) dense creaky snow pink frost on

деревьях, бледно-изумрудным небом, шапками дыма над трубами,
(the) trees (with) pale-emerald sky (the) hats (of) smoke over (the) pipes

клубами пара из мгновенно раскрытых дверей, свежими, словно
puffs (of) smoke from momentarily uncovered doors fresh as if

укушенными лицами людей и хлопотливым бегом продрогших лошадок.
(with) bitten faces people and restless course shivering horses

Январский день уже приближался к концу; вечерний холод еще
(The) January day already approached to (the) end (the) evening cold still

сильнее стискивал недвижимый воздух, и быстро гасла кровавая
stronger clenched (the) immovable air and quickly extinguished (the) bloody

заря. В окнах марьинского дома зажигались огни; Прокофьич, в
dawn In (the) windows (of) Mariinsky homes lit up lights Prokofich in

черном фраке и белых перчатках, с особенною торжественностию
(a) black tail coat and white gloves with especial solemnity

накрывал стол на семь приборов. Неделю тому назад, в небольшой
covered (the) table for seven implements (A) week of that back in (the) small

приходской церкви, тихо и почти без свидетелей состоялись две
(the) parish church quietly and almost without witnesses took place two

свадьбы: Аркадия с Катей и Николая Петровича с Фенечкой; а
weddings Arkady with Katya and Nicholas Petrovich with Fenechka and

в самый тот день Николай Петрович давал прощальный обед своему
in very that day Nikolai Petrovitch gave (a) parting lunch for his

брату, который отправлялся по делам в Москву. Анна Сергеевна
brother who departed on business in Moscow Anna Sergeyevna

уехала туда же тотчас после свадьбы, щедро наделив молодых.
went away there then immediately after (the) wedding generously endowing (the) young

Ровно в три часа все собрались к столу. Митю поместили тут же;
Exactly in three hours all gathered to (the) table Mitya placed here then

у него уже появилась нянюшка в глазетовом кокошнике. Павел
with him already appeared (a) nanny in glossy kokoshnik (traditional headdress) Pavel

Петрович восседал между Катей и Фенечкой; «мужья» пристроились
Petrovitch sat between Katya and Fenechka (the) husbands settled in

возле своих жен. Знакомцы наши изменились в последнее время: все
next to their women Acquaintances ours changed in (the) last time all

как будто похорошели и возмужали; один Павел Петрович похудел,
as if became prettier and matured only Pavel Petrovitch became thinner

что, впрочем, придавало еще больше изящества и грансеньйорства его
which however imparted still more elegance and countenances his

выразительным чертам... Да и Фенечка стала другая. В свежем
expressive traits Yes and Fenechka started another In (a) fresh

шелковом платье, с широкою бархатною наколкой на волосах, с
silk dress with wide velvet tippet on (the) hair with

золотою цепочкой на шее, она сидела почтительно-неподвижно,
gold chain on (the) neck she sat respectfully-unmovingly

почтительно к самой себе, ко всему, что ее окружало, и так
respectful to (her) very self to everything that her surrounded and so

улыбалась, как будто хотела сказать: «Вы меня извините, я не
smiled as if (she) wanted to say You me excuse I not

виновата». И не она одна — другие все улыбались и тоже как
(am) guilty And not she alone – (the) others all smiled and also as

будто извинялись; всем было немножко неловко, немножко грустно и,
if apologized all was a little awkward a little sad and

в сущности, очень хорошо. Каждый прислуживал другому с забавною
in essence very good Everyone served (the) other with amusing

предупредительностию, точно все согласились разыграть какую-то
precaution as if all concurred to play out some

простодушную комедию. Катя была спокойнее всех: она доверчиво
simple-minded comedy Katya was calmer (than) all she fondly

посматривала вокруг себя, и можно было заметить, что Николай
looked around herself and possible was to note that Nikolai

Петрович успел уже полюбить ее без памяти. Перед концом
Petrovitch had time already to love her without sense Before (of the) end

обеда он встал и, взяв бокал в руки, обратился к Павлу
(of the) dinner he got up and taking (the) glass in (the) hands turned to Pavel

Петровичу.
Petrovich

— Ты нас покидаешь... ты нас покидаешь, милый брат, — начал он,
— You us leave you us leave dear brother — began he

— конечно, ненадолго; но все же я не могу не выразить тебе, что
— of course temporarily but all then I not can not express to you that

я... что мы... сколь я... сколь мы... Вот в том-то и беда, что
I that we how much I how much we Here in that-then also misfortune that

мы не умеем говорить спичи! Аркадий, скажи ты.
we not are able to to say speeches Arkady say you

— Нет, папаша, я не приготовлялся.
— No daddy I not prepared myself

— А я хорошо приготовился! Просто, брат, позволь тебя обнять,
— And I (am) well prepared Simply brother allow you to embrace

пожелать тебе всего хорошего, и вернись к нам поскорее!
to wish to you all good and come back to us faster

Павел Петрович облобызался со всеми, не исключая, разумеется,
Pavel Petrovitch embraced with all not excluding (one can) understand

Мити; у Фенечки он, сверх того, поцеловал руку, которую
(of) Mitya with (of) Fenechka he on top (of) that kissed (the) hand which

та еще не умела подавать как следует, и, выпивая вторично
that one still not could serve as follows and drinking (a) secondary

налитый бокал, промолвил с глубоким вздохом: «Будьте счастливы,
poured glass uttered with (a) deep sigh Be happy

друзья мои! Farewell!» Этот английский хвостик прошел
friends (of) mine Farewell (English) This English tail (parting word) went

незамеченным, но все были тронуты.
unnoticed but all were touched

— В память Базарова, — шепнула Катя на ухо своему мужу и
— In memory (of) Bazarov — whispered Katya in (the) ear (of) her husband and

чокнулась с ним. Аркадий в ответ пожал ей крепко руку, но
clinked glasses with him Arkady in answer shook her strongly (the) hand but

не решился громко предложить этот тост.
not decided loudly to propose this toast

Казалось бы, конец? Но, быть может, кто-нибудь из читателей
(It) seemed would (the) end But be can maybe somebody from (the) readers

пожелает узнать, что делает теперь, именно теперь, каждое из
wishes to find out what does is doing now exactly now each from

выведенных нами лиц. Мы готовы удовлетворить его.
(the) derived of us persons We (are) ready to satisfy him

Анна Сергеевна недавно вышла замуж, не по любви, но по
Anna Sergeyevna recently went out for-husband married not for love but for

убеждению, за одного из будущих русских деятелей, человека очень
conviction for with one from of (the) future Russian do-ers active figures (a) man very

умного, законника, с крепким практическим смыслом, твердою волей
smart (a) lawman with strong practical sense firm will

и замечательным даром слова, — человека еще молодого, доброго
and remarkable with a strike in a flash words — man still young good

и холодного как лед. Они живут в большом ладу друг с другом
and cold as ice They live in big harmony each with (the) other

и доживутся, пожалуй, до счастья... пожалуй, до любви. Княжна Х...
and will live to see perhaps to happiness perhaps to love (The) princess X

я умерла забытая в самый день смерти. Кирсановы, отец с
I died forgotten in (the) same day death Kirsanov (the) father with

сыном, поселились в Марьине. Дела их начинают поправляться.
(the) son settled in Marina Affairs theirs begin to get better

Аркадий сделался рьяным хозяином, и «ферма» уже приносит
Arkady became (a) zealous owner and (the) farm already brings

довольно значительный доход. Николай Петрович попал в мировые
(a) rather meaningful income Nikolai Petrovitch got in peaceful

посредники и трудится изо всех сил; он беспрестанно разъезжает по
intermediaries and labors with all forces he incessantly travels on
hands

своему участку; произносит длинные речи (он придерживается того
his plot pronounces long speeches he supports that

мнения, что мужичков надо «вразумлять», то есть частым
opinion that (the) men necessary to admonish that is frequent

повторением одних и тех же слов доводить их до истомы) и
repetition (of) ones and those same words drive them to languor and
tractableness

все-таки, говоря правду, не удовлетворяет вполне ни дворян
all-so saying (the) truth not satisfies completely neither estate owners
(nonetheless)

образованных, говорящих то с шиком, то с меланхолией о
educated speaking then with chic then with melancholy about

манципации (произнося ан в нос), ни необразованных дворян,
(the) emancipations pronouncing an in (the) nose nor (the) uneducated estate owners
with French accent

бесцеремонно бранящих «евту мунципацию». И для тех и для
unceremoniously scolding that muntsipation And for those and for
(dialect) (emancipation)

других он слишком мягок. У Катерины Сергеевны родился сын Коля,
others he too soft (is) With Katerina Sergeyevna was born (a) son Kolya
(Katya)

а Митя уже бегает молодцом и болтает речисто. Фенечка,
and Mitya already runs (like a) big boy and chatters eloquently Fenechka

Федосья Николаевна, после мужа и Мити никого так не обожает,
Fedosia Nikolayevna after (the) husband and Mitya no one so not loves

как
like

свою невестку, и когда та садится за фортепьяно, рада
her daughter-in-law and when that (she) sits herself behind (the) piano gladly

целый день не отходить от нее. Упомянем кстати о Петре.
(the) whole day not to withdraw from her (I) will mention by the way about Peter
would leave

Он совсем окоченел от глупости и важности, произносит все е
He entirely stiffened from stupidities and (self) importance pronounces all ees

как ю: тюпюрь, обюспючюн, но тоже женился и взял порядочное
as yous now provided for but also married and took (an) orderly
(теперь) (обеспечен) a decent

приданое за своею невестой, дочерью городского огородника, которая
dowry for his bride (a) daughter (of the) town's gardener who

отказала двум хорошим женихам только потому, что у них часов не
refused two good grooms only therefore that with them hours not
watches

было: а у Петра не только были часы — у него были лаковые
were and with Peter not only were hours — with him were lacquered
was a watch

полусапожки.
half boots
pumps

В Дрездене, на Брюлевской террасе, между двумя и четырьмя часами,
In Dresden on (the) Brühlerian terrace between two and four hours

в самое фешенебельное время для прогулки, вы можете встретить
in same fashionable time for (a) walk you can meet

человека лет около пятидесяти, уже совсем седого и как бы
(a) man (of) years near fifty already entirely gray and as would

страдающего подагрой, но еще красивого, изящно одетого и с тем
afflicted (by) gout but still beautiful gracefully dressed and with that

особенным отпечатком, который дается человеку одним лишь долгим
special imprint which is given (to a) man one only long

пребыванием в высших слоях общества. Это Павел Петрович. Он
stay in (the) highest layers (of) society This (is) Pavel Petrovitch He

уехал из Москвы за границу для поправления здоровья и остался
left from Moscow for (the) border for corrections (of) health and stayed
abroad

на жительство в Дрездене, где знается больше с англичанами
in (a) lodging in Dresden where acquaints himself more with Englishmen

и с проезжими русскими. С англичанами он держится просто,
and with traveling Russians With Englishmen he maintains himself simply

почти скромно, но не без достоинства; они находят его немного
almost modestly but not without dignity they find him a little

скучным, но уважают в нем совершенного джентльмена, «a perfect
dull but esteem in him (that) committed gentleman a perfect

gentleman». С русскими он развязнее, дает волю своей желчи,
gentleman With Russians he more open gives freedom to his bile

трунит над самим собой и над ними; но все это выходит у него
jokes over same himself and over them but all this exits with him

очень мило, и небрежно, и прилично. Он придерживается
very sweet and carelessly and decently He adheres to

славянофильских воззрений: известно, что в высшем свете это считается
slavophile views is known that in high world society this is counted was counted

très distingué. Он ничего русского не читает, но на письменном столе
very distinguished (French) He nothing Russian not reads but on (the) writing table

у него находится серебряная пепельница в виде мужицкого лаптя.
with him is located (a) silver ashtray in form (of) manly foot

Наши туристы очень за ним волочатся. Матвей Ильич Колязин,
Our tourists very much for give him drags attention Matvey Ilyich Kolyazin

находящийся во временной оппозиции, величаво посетил его, проезжая
located himself being in temporary opposition grandly visited him traveling

на богемские воды; а туземцы, с которыми он, впрочем, видится
to (the) Bohemian waters and (the) natives with which he however sees himself

мало, чуть не благоговеют перед ним. Получить билет в придворную
little just not almost are in awe awe before him To receive (a) ticket in (the) court

капеллу, в театр и т.д. никто не может так легко и скоро, как
chapel in (the) theater and etc nobody not can so easily and quickly as

der	Herr	Baron	von	Kirsanoff.	Он	все	делает	добро,	сколько	может;
the	Gentleman	Baron	von	Kirsanoff	He	all	does	good	as much as	(he) can

он	все	еще	шумит	понемножку:	недаром	же	был	он	некогда
he	all	still	makes noise	little by little	not right	then	was	he	once
					indeed				

львом;	но	жить	ему	тяжело...	тяжелей,	чем	он	сам
(a social) lion	but	to live	to him	(falls) heavy	heavier	than what	he	himself

подозревает...	Стоит	взглянуть	на	него	в	русской	церкви,	когда,
suspects	Stands	to glance	at	him	in	(a) Russian	church	when
	It's enough							

прислонясь	в	сторонке	к	стене,	он	задумывается	и	долго	не
leaning	in	sideways	to	(the) wall	he	hesitates	and	long	not

шевелится,	горько	стиснув	губы,	потом	вдруг	опомнится	и
moves	bitter	pressing	(the) lips	then	suddenly	come to his senses	and

начнет	почти	незаметно	креститься...
will begin	almost	unnoticeably	to cross himself

И	Кукшина	попала	за	границу.	Она	теперь	в	Гейдельберге	и
Also	Kukshina	fell	behind	(the) border	She	now	in	Heidelberg	and
		ended up		abroad					

изучает	уже	не	естественные	науки,	но	архитектуру,	в	которой,	по
(she) studies	already	not	natural	sciences	but	architecture	in	which	on

ее	словам,	она	открыла	новые	законы.	Она	по-прежнему	якшается	с
her	words	she	opened	new	laws	She	as before	(is) yakking	with

студентами,	особенно	с	молодыми	русскими	физиками	и	химиками,
students	especially	with	young	russian	physicists	and	chemists

которыми	наполнен	Гейдельберг	и	которые,	удивляя	на	первых	порах
who	filled	Heidelberg	and	who	surprising	on	the first	moments

наивных	немецких	профессоров	своим	трезвым	взглядом	на	вещи,
naive	German	professors	with their	sober	glance	on	things

впоследствии	удивляют	тех	же	самых	профессоров	своим
afterwards	surprise	those	then	same	professors	with their

совершенным	бездействием	и	абсолютною	ленью.	С	такими-то
perfect	inaction	and	absolute	laziness	With	such

двумя-тремя	химиками,	не	умеющими	отличить	кислорода	от	азота,
two or three	chemists	not	able	to differentiate	oxygen	from	nitrogen

но исполненными отрицания и самоуважения, да с великим
but filled with denials and of self-esteem yes with the great

Елисевичем Ситников, тоже готовящийся быть великим, толчется в
Jelisevic Sitnikov also forthcoming to be great mills around in

Петербурге и, по его уверениям, продолжает «дело» Базарова.
(saint) Petersburg and on his assurances continues (the) "business" (of) Bazarov

Говорят, его кто-то недавно побил, но он в долгу не остался: в
(they) say him someone recently beat up but he in debt not stayed in
without answer

одной темной статейке, тиснутой в одном темном журнальце, он
one dark article embossed in one dark magazine he

намекнул, что побивший его — трус. Он называет это иронией.
hinted that beaten him — (a) coward He calls this irony

Отец им помыкает по-прежнему, а жена считает его
(The) father him bosses around as before and (the) wife counts him

дурачком... и литератором.
(a) fool and (a) writer

Есть небольшое сельское кладбище в одном из отдаленных уголков
(There) is (a) small rural cemetery in one from (the) remote corners

России. Как почти все наши кладбища, оно являет вид печальный:
(of) Russia As almost all our cemeteries it presents (a) view sad

окружающие его канавы давно заросли; серые деревянные кресты
surrounding its ditches long ago grew full gray wooden crosses

поникли и гниют под своими когда-то крашеными крышами;
drooped and rot under its once painted roofs

каменные плиты все сдвинуты, словно кто их подталкивает
stone plates all shifted as if someone them nudges

снизу; два-три ощипанных деревца едва дают скудную тень; овцы
from below two (or) three plucked trees hardly give meager shadow sheep

безвозбранно бродят по могилам... Но между ними есть одна, до
freely roam on (the) graves But between them is one to

которой не касается человек, которую не топчет животное: одни птицы
which not touched (a) person which not tramples (any) being some birds

садятся на нее и поют на заре. Железная ограда ее окружает; две
sit down on her and (they) sing at dawn (An) iron fence her surrounds two

молодые елки посажены по обоим ее концам: Евгений Базаров
young fir-trees planted on both her ends Yevgeny Bazarov

похоронен в этой могиле. К ней, из недалекой деревушки, часто
(is) buried in this grave To her from (a) not far village often

приходят два уже дряхлые старичка — муж с женою. Поддерживая
come two already decrepit old people – (a) man with (his) wife Supporting

друг друга, идут они отяжелевшею походкой; приблизятся к ограде,
each (the) other go they (in) weighed down course come close to (the) fence

припадут и станут на колени, и долго и горько плачут, и долго
fall down and stand on (the) knees and long and bitter cry and long

и внимательно смотрят на немой камень, под которым лежит их
and attentively (they) look at (the) mute stone under which lies their

сын; поменяются коротким словом, пыль смахнут с камня
son (they) exchange (a) short word (the) dust (they) sweep away from (the) stone

да ветку елки поправят, и снова молятся, и не могут
yes (a) branch (of) fir-trees correct prune and again pray and not can

покинуть это место, откуда им как будто ближе до их сына, до
leave this place from where them as if closer to their son to

воспоминаний о нем... Неужели их молитвы, их слезы бесплодны?
memories about him Really their prayers their tears fruitless

Неужели любовь, святая, преданная любовь не всесильна? О нет!
Really love holy devoted love not omnipotent Oh no

Какое бы страстное, грешное, бунтующее сердце ни скрылось в
What Whatever the would passionate sinful rebellious heart not disappeared in

могиле, цветы, растущие на ней, безмятежно глядят на нас своими
(a) grave flowers growing on her serenely look at us with their

невинными глазами: не об одном вечном спокойствии говорят нам
innocent eyes not about only eternal tranquility speak to us

они, о том великом спокойствии «равнодушной» природы; они
they about that (the) great tranquility (is) indifferent (of) nature they

говорят также о вечном примирении и о жизни бесконечной...
speak also about eternal reconciliation and about life endless

1862
1862

www.ingramcontent.com/pod-product-compliance
Lightning Source LLC
Chambersburg PA
CBHW071326250626
47159CB00004B/1486

9781834250977